歴史文化ライブラリー
208

大江戸飼い鳥草紙

江戸のペットブーム

細川博昭

吉川弘文館

目　次

江戸の人々に愛された「飼い鳥」―プロローグ……1
江戸のペットブーム／滝沢馬琴

滝沢馬琴と鳥との関係

馬琴の生きた時代とその日記……6
馬琴の生きた時代／『馬琴日記』の概要
『馬琴日記』の鳥に関する記述……10
日記の鳥に関する記述／日記の読み方／滝沢家の家族構成と松前老公
馬琴と彼の鳥……22
馬琴にとっての鳥／馬琴が飼っていた鳥／『馬琴日記』に登場する鳥／カナリア舶来の記録／鳩／蝦夷鳥／江戸の自然の一端にふれる

江戸の人々はどのように鳥を愛したか

江戸時代以前の人と鳥との関わり……40
古代、鳥はどんな存在だったか／弥生時代から『万葉集』の時代にかけて／『枕草子』に見る鳥観／ヒヨドリも人気／ウグイス対ホトトギス／鎌倉時代から室町時代にかけての変化

鳥の入手方法と飼われていた鳥たち……56
江戸時代の鳥の入手方法／行商する鳥屋／小鳥の店舗販売／数の制限を受けていた鳥屋／鳥屋の数が制限されていた理由／「鳥の市」の利用／捕獲された鳥／譲られた鳥／飼われていた鳥の分類／鳥の種類とその飼育の特徴

小鳥の飼育文化……92
飼い鳥文化はどのように浸透していったか／飼い鳥文化を支えたもの／鳥屋はアドバイザーでもあった／鳥屋・鳥飼いの知識の源

江戸の人々が飼い鳥に見いだした楽しみ……108
鳥を飼う楽しみ／手乗り文鳥／手乗り文鳥はいつからはじまったか／手乗り文鳥を飼っている際におこりがちな事故／鳥の芸について／小鳥合／ウグイスの鳴合／小鳥の品種改良と異種交配の試み／鳥の名前／鳥籠／飼い鳥文化に対する考察の補足

鳥の飼育書と図譜

鳥の飼育書と解説書……142

実用的だった鳥の飼育書／だれが飼育書や解説書を作ったのか／本草学からの流れ／飼育書の著者は鳥の飼育をどう考えていたのか／総合飼育書の構成／『百千鳥』の構成／『飼籠鳥』飼法部の構成／分かりやすかった『鶉書』／現代の飼育書への影響

馬琴が作った鳥類図鑑……180

『禽鏡』／なぜ、馬琴は図鑑を作ろうと思ったのか／『禽鏡』の構成と描かれた鳥／『禽鏡』以外の鳥の図譜

江戸の人々と動物

江戸時代の人と動物との関わり……192

鳥以外にどんなペットが飼われていたか／犬と矮狗／犬の飼育書／ハツカネズミのブーム／金魚の飼育／見世物や客引きに使われた動物／動物の魂／カラスのおこした事件

江戸城で飼われていた鳥……211

もう一つの飼い鳥文化／日本にやってきた鳥／江戸城にあった鳥小屋

あとがき

主要史料・引用参考文献

1　江戸の人々に愛された「飼い鳥」

江戸の人々に愛された「飼い鳥」——プロローグ

江戸のペットブーム

日本では現在、犬や猫、ハムスター、鳥など、さまざまな動物が多数飼育されており、ペットブームと呼ばれるほどその飼育熱は高い。だが、それは今に限ったことではなかったようだ。戦前、戦後にも動物飼育が盛んに行われた時期があったが、それより先の江戸時代においても、大きなブームが存在していたのである。

幕府の統治システムが完成し、戦の心配がなくなった江戸時代中期になると、時代の平安感も増し、人々は芝居や歌舞伎、見世物などの娯楽を楽しむことができるようになった。この時期、鳥や動物を飼育していた大名や旗本がいたことはよく知られているが、当時の史料の詳しい解析から、動物飼育は趣味や楽しみの一つとして、生活に余裕のできた庶民の間にも広がりをみせていたという事実が浮かび上がってきたのである。

この時代、犬、猫、ハツカネズミ、金魚、秋の虫など、さまざまな生き物の飼育が試みられたが、中でも美麗《びれい》な姿や声で目や耳を慰めてくれる鳥の人気は高かった。

大名たちの中には、珍しい鳥や生き物を手に入れてはその証拠として図画に残させた者がいた。みずから筆を持って絵をしたためた大名もいれば、絵師を雇い入れて見事な図譜《ずふ》(図鑑)を完成させた者もいた。

江戸や大坂の市中には鳥の飼育書や解説書が出回っており、鳥を専門に商う鳥屋も繁盛していた。クジャクやオウムなど、珍しい海外の鳥のいく種かは、象やラクダ、アザラシなどとともに見世物にされ、市民の目を楽しませたという。

この他、手に入れやすく飼いやすかった鳥については飼育家の手で品種の改良も試みられ、新しい品種を生み出す努力も行われていた。作出された年代を正確に特定することはできないが、十姉妹《ジユウシマツ》や白文鳥《シロブンチヨウ》もそうして生み出された鳥だと言われている。

このように、現代のそれと似た状況が江戸という時代においても存在していたのである。

当時、農民から大名まで、さまざまな身分、さまざまな職業の人間が愛玩を目的として鳥を飼っていたが、文化人・著名人の中にも、もちろん鳥を飼っていた者がいた。その代表として挙げることができるのが、時を越えたベストセラー『南総里見八犬伝《なんそうさとみはっけんでん》』の作者、滝沢馬琴《たきざわばきん》（曲亭《きょくてい》馬琴）である。

滝沢馬琴

馬琴は小説のほかに長期に及ぶ詳細な日記を後世に遺《のこ》している。この日記の中に鳥に関する記述を多数、見つけることができる。

馬琴は仕事場でもある自宅で鳩やカナリアを飼い、繁殖を行なっていた。カナリアの雛が孵《かえ》ればそれを日記に記し、蛇やイタチが鳥籠を襲えばそれを記す。調子の悪い鳥のことで相談を受ければ、解決法を教えてやる。日記中には、そんな記述さえある。膨大な日記の中から鳥に関する部分だけを抜き出してみると、現代の愛鳥家とそう違わない人間の姿と、鳥がいる家庭の姿が浮かび上がってくる。

本書では、まずは滝沢馬琴の日記を出発点に、江戸時代における鳥飼の実像を描き出してみよう。そして、一般庶民が飼い鳥とどう付き合っていたのかを検証した後、日本全体での、この時期の飼い鳥文化を論じてみたい。

滝沢馬琴と鳥との関係

馬琴の生きた時代とその日記

馬琴の生きた時代

滝沢馬琴《たきざわばきん》は明和《めいわ》四年（一七六七）六月九日、深川海辺橋《うみべばし》の東、現在の東京都江東区平野一丁目付近にあった旗本の屋敷で生まれた。父、滝沢興義《おきよし》が用人として仕えていたためである。馬琴の実の名は興邦《おきくに》、後に解《とく》。よく知られている曲亭《きょくてい》馬琴という名は、戯作《げさく》を書く際に使ったペン・ネームである。

当時の日本は、徳川の治世《ちせい》も百五十年を数え、幕府の内部や諸藩においては経済の面でさまざまな問題が噴出していたものの、時代としては比較的落ち着いた時期だった。

ヨーロッパのフランスはルイ十五世の時代であり、イギリスでは産業革命がまさに始まろうとしていたころである。アメリカ十三州の独立宣言はこれより九年後の一七七六年のこと。ヨーロッパが急速に近代化への歩みを始めていたころ、馬琴はこの世に生を受けたことになる。

ときの将軍は第十代徳川家治《いえはる》で、長崎貿易を拡大させるなど幕府財政の再建に力をふるったものの、賄賂《わいろ》にまみれた政治を行なったと悪評の方が大きい田沼意次《たぬまおきつぐ》が老中《ろうじゅう》に就任したのが安永《あんえい》元年（一七七二）、馬琴五歳のころのことだった。また、日本植物学の父とも呼ばれるスウェーデン人カール・ペーテル・ツュンベリーがオランダ使節の医官として日本にやってきたのは、安永四年のことである。

当時としてはかなりの長生きといえる八十二歳（満では八十一歳）の生涯を終え、馬琴がこの世を去ったのは嘉永《かえい》元年（一八四八）で、ペリーが浦賀《うらが》にやってくる五年前のことだった。

『馬琴日記』の概要

『馬琴日記』が正確にはいつから始まったのか定かではないが、六十歳から死を迎える八十二歳まで、少なくとも二十三年間は書き続けられたことがわかっている。馬琴は晩年失明し、筆を持つことができなくなっていたが、その期間は長男、宗伯《そうはく》の妻であったお路《みち》が日記を代筆しており、嘉永元年に馬琴が亡くなった後も、お路が滝沢家の日記を書き続けている。

図1　滝沢馬琴画像

そんな馬琴の日記は、その日の天候に始まる。

例えば、文政《ぶんせい》十年（一八二七）五月二十三日の日記には、「薄曇　朝ヨリ晴　昼前ヨリ南風烈　熱湿《ねつしつ》　深夜ヨリ雨」とある。翌二十四日は、「雨　昼前ヨリ南風烈折々《おりおり》雨　夜ニ入いよいよ風烈雨　深更《しんこう》風雨止　昼八時ごろ地震（雨中ナリ）」と記されている。

続いて、その日のいつごろ誰が何をしにきたか、そこでどんなやり取りがあったのか、何をもらったのかなど、こと細かな記述が行われている。金銭の受け渡しや家計が記された帳簿は日記とは別に存在し、こちらも非常に細かい記載が行われていた。

彼の日記には馬琴本人と家族の日常が綴られているにすぎない。だが、そこには馬琴の生きた時代の江戸の空気が当時のままに封じ込められている。馬琴がだれとどんな付き合いをしていたのか、滝沢家ではどんなものが食べられていたのか、買い物はどこに行ったのかといったことから、江戸にはどんな年中行事があり、市民はそれにどう関わっていたのか、当時の江戸ではどんな事件が起こっていたのかまで、実にさまざまな情報を読み取ることができるのである。

二十三年間、あるいはそれ以上にわたって休むことなく日々日記を書き続けたこと、そしてその日記が、きわめて詳細なものであったことに、馬琴の性格の細かさがにじんでいる。また、物事に対してさまざまなこだわりをもった神経質そうな人間像も見え隠れする。

このような人物は、おそらくは家族や知人にとってはまことにもって付き合いにくい相手だったことだろう。だが、そんな馬琴が遺《のこ》してくれた日記は、当時の江戸のことを知りたいと願う人間にとっては有益な情報を提供してくれる貴重な史料となる。当時、馬琴の周辺にいた人々には少々気の毒な気もするが、このような貴重な史料を残してくれた馬琴に対して感謝の気持が大きいのもまた事実である。

ただ、残念なのが、大部分が火事で焼けてしまい、手にすることができるのはわずか七年分のみとなっていることだ。日記のうちの三分の二は現在、複製の形でも入手ができないのである。だが、火事の前に日記の一部が何者かの手で外に持ち出されているようなことがあったとしたら、それらがどこかの図書館や資料庫の奥に眠っている可能性もまったくないわけではない。そうした日記の一部が発見されることがあったなら、必ずや目にしてみたいと願っている。

『馬琴日記』の鳥に関する記述

日記の鳥に関する記述

残存する馬琴の日記は、中央公論社、昭和四十八年（一九七三）刊行の『馬琴日記』（全四巻）より確認することができる。まずはここから、鳥に関する部分を抜き出してみたい。ここに挙げたものがすべてではないが、この一連の文章だけでも当時の鳥飼の生々しい日常を読み取ることができるだろう。

文政《ぶんせい》十年（一八二七）

○正月八日

カナアリヤ二番子極黄《ごくき》雌、旧冬より病気の処《ところ》、昨夕隕畢《おちおわんぬ》。雛の内、巣より落候《そうろう》、巣いたみによつてなり。去冬十一月晦日《みそか》に隕《おちそうろう》候壱番子ブチ雌も、右様の巣いたみによつてなり。いづれも親かけにさせし故、その子弱し。

○二月十八日

昨十七日夕方、橋本彦兵衛より、旧冬遣《つかわ》し候カナアリヤ少々糞《ふん》づまりの様子にて、見せに来る。牡蠣《ぼれいまつ》末、少々これに遣《や》る。

○二月二十二日

橋本より、カナアリヤ牡蠣末、乞《こい》に来る。一包《いっぽう》、これを遣る。

○三月十五日

カナアリヤ親鳥、から玉子うみ候につき、今朝、宗伯《そうはく》、庭籠《にわこ》二通りこしらへ、昼後仕をはる。然処《しかるところ》、昼前、清右衛門、当日祝義のため、過日おさきへ約束いたし候につき、右から玉子うみ候親鳥一番（雄ブチ・雌極黄）、飯田町へ遣《つかわ》す。籠《かご》とも、清右衛門携帰《たずさえかえ》る。此方《こち》、大庭籠《おおにわこ》へは、去冬屋代《やしろ》氏より参候《まいりそうろう》白中あひ雄、去春此方にて出生の極黄壱番子雌、これを放つ。跡には去年びな雄斗《ばかり》二羽これ有りにつき、まづそのままさしおく。

○三月十八日

今朝、飯田町宅より、多七を以《もつて》、カナアリヤ雌一羽、并中や《屋》より取《とり》候《そうろう》のり入等、これを差越す。多七はよし原へ灸《きゅう》数《す》之《の》書付《かきつけ》乞《こい》に参《まいり》候《そうろう》よしにて、さし置、九時過《ここのつどきすぎ》又来る。これにより、昼飯たべさせ、飯田町宅へ、カナリヤ雄去戌の弐番子一羽・庭鳥籠《にわとりかご》壱・奇《き》応丸《おうがん》等、同人にこれを遣る。

○四月二十四日

去戌年春出生カナアリヤ壱番子雄極黄一羽、昨日隕《おち》る。今朝、それを知る。最初、巣いたみにて、よわく候処《ところ》、近年度々《たびたび》糞づまりによつてなり。去春出生子《し》五羽のうち、これまでに三羽隕る。残り二羽となる。全体、玉川のキミ実入《みいり》薄く、よろしからざる故《ゆえ》もあるべし。

今朝、ほととぎすの初声、辰巳《たつみ》のかたに数声。今日、立夏後十日に及べり。

○五月朔日（一日）

下庭籠《にわこ》カナアリヤひな、昨日孚《かえ》り候哉《や》、今朝はじめてこれを知る。三四羽なり。（後に知る）但《ただし》、卵四つうみ込、残らずかへる。

昼前、清右衛門来る。（中略）過日申付《もうしつけ》候《そうろう》カナアリヤ、昨年二番子雄ぶち一羽、持参。鳥は此方庭籠へ入《いれ》、籠は直に清右衛門へかへし遣す。

○五月八日

昼後、エゾ鳥其外庭籠の鳥騒《さわぎそうろう》候につき、立出《たちいで》、見候へば、大きなる蛇、縁頬《えんきょう》へ上り、庭籠へかかり候様子につき、予、棒を以、手水鉢《ちょうずばち》前草中へ払落し候へば、縁の下へ入《はいり》畢《おわんぬ》。

○五月十一日

カナアリヤ雛四つの内、一羽、巣いたみにて、今日隕る。かへりおくれ候片かけ、巣いたみ候故なり。三四日已来《いらい》、此方にても折々《おりおり》餌かけ遣《やり》し候へども、届かざるなり。むらに申付、はき溜の脇に埋めさせ畢《おわんぬ》。

○五月十五日

予他行中、過日の大蛇、また庭籠へかかり候につき、おみち《路》やうやくうちおとし、杉浦僕幸八をたのみ、縁頬下へおろさせ候処、縁の下へ入畢と云々《うんぬん》。

○五月二十日

上の庭籠カナアリヤひな、今日一つ孚る。卵なほ二つ、これ有り。

○五月二十八日

夕七時前、松前内桜井小膳より、白連雀《れんじゃく》鳩《ばと》二羽、これ差越《さしこ》される。宗伯帰宅前に付《つき》、予、取斗《とりはから》ひ、カナリヤより古二番子二羽、これを遣る。

○六月四日
カナアリヤ、先月下旬より、二番巣《ふたつがい》につき候処、母鳥少々糞づまりの様子にて、一両日巣をはなれ畢《おわ》る。今夕、又巣に入《はいり》、あるいは入らず。全く巣ばなれなり。

○六月二十一日
夕方、鼬《いたち》、鳩のかごへかかる。宗伯、追ひ走らし畢。

○六月二十二日
但、飯田町のカナアリヤ二羽かへり、今日三日に成候ところ、庭籠に蟻入候間、親鳥を出し、水あみせ候故か、巣ばなれいたし、餌をかけず候よし、これ申す。育ざるなるべし。

○閏《うるう》六月十三日
去戌年《さるいぬのとし》、屋代太郎殿より贈らるカナアリヤ間白《あい》雄、昨夜中死す。糞つまり、鳥屋《とや》中によつてなり。

○七月十日
夜に入、覚重《かくじゅう》来る。明日、六畳の杉戸《すぎど》、蝦夷鳥《えぞどり》彩色致し候由、届なり。雑談数刻、帰去。
○七月十一日
朝四時、覚重来る。六畳杉戸、楓・蝦夷鳥彩色、七時過出来終。
○七月二十二日
今日、蝦夷鳥籠掃除、砂入替遣す。
文政十一年（一八二八）
○二月九日
今日、金雀、庭籠に巣籠、これを懸《か》け畢。
○二月十六日
金雀四羽、一所《いっしょ》に庭籠に追込置《おいこみおき》候処、巣を争ひ、今日、親雛喰殺され候に依《より》て、庭籠には一番入置《ひとつがいいれおく》、壱羽は今日籠に上げ置《おく》。
○四月十八日
当十四日朝、鳥に水を飼候《かえそうろう》節、家母君、あやまちて金雀白雛壱羽逃し、飛去、行方知れず。

文政十二年（一八二九）

○四月二十七日

カナアリヤ雛、昨日孚る。四羽なり。

○五月二日

三月二十六・七日頃孚り候カナアリヤひな四隻、いづれも生育。これまで両三年、卵うみ込候ても、孚ざりし候処、此度《こたび》は四隻残らず生育。但《ただ》、おや鳥に任しおくのみ。

○五月二十九日

カナアリヤ二ばん子、両三日已前《いぜん》より追々に孚る。二三羽生育の様子なり。後に至り、内二羽は育たず、一羽は生育す。

○六月九日

カナアリヤ弐番子三羽かへり候処、親鳥ゑ《餌》かけ宣《のたま》わず。内、一羽生育なり。

○六月十五日

カナアリヤ二番子かへり候処、内二羽は育たず、一羽は巣を出、生育す。壱番子四羽の内、一羽は足なへにて、とまり木へつくことかなはず、無事の子四羽なり。雌雄未詳。

○七月四日

昼後八時半、お百、太郎同道、かね召連《めしつれ》、神田橋外明地《あきち》に罷《まか》り越《こ》し、カナアリヤ餌はこべつみ更《さら》の為、（後略）

○七月六日

カナアリヤ壱番子の内、足損じ、立つこと得ざり候もの一羽、昨夕死す。とくに死ぬべしと思ひ候処、これまで死なざるはふしぎなり。

○八月五日

薄暮、覚重来る。百千鳥・八人抄、二本かし遣《つかわ》す。雑談後、五時前帰去。

天保《てんぽう》二年（一八三一）

○十一月十二日

昼後、清右衛門来る。カナアリア親鳥雌雄、籠二つ添へ、これを遣る。これまで清右衛門方へ遣し候カナアリヤは、山田吉兵衛かねて所望のよしにつき、病中慰《なぐさめ》の為遣し候様《よう》、示談に及ぶ。

宗伯、今朝よりカナアリアならびにえひ鳥籠・庭籠等そうぢいたし、籠桶《こおけ》、これを張る。カナアリア三羽・当春子三羽、小籠をうつしおく。

○十一月二十三日

先年、飯田町宅に遣り候カナアリヤ雄雌内、雄は足わろし。これにより、先月尚又《なおまた》、雌雄遣し候につき、是《これ》までの雄雌は山田吉兵衛病中慰の為、遣し候様、清右衛門申付《もうしつけ》、籠壱つ、ゑの水入差添《さしそえ》、遣し候処、昨日、清右衛門、吉兵衛方へ持参。差遣《さしつかわし》候へば、甚《はなはだ》大悦《たいえつ》いたし、かねて所望《しょもう》のよしにて候といふ。今日、宗伯、これを告《つげ》る。

天保三年（一八三二）

○三月十一日

宗伯、今日カナアリヤ庭籠そうぢいたし、雄雌、庭籠へ入る。雌鳥一羽遣る。

○七月二十一日

今朝、えぞ無名鳥隕る。去る酉年冬、献《たてまつられし》残《のこり》松前老公より給《たま》はりしものなり。四羽の内、三羽はそのとしの十二月隕る。此《この》一羽恙《つつが》なくて、八ヵ年予我が家にあり、本国にはたえて無之鳥《なきのとり》なり。

天保五年（一八三四）

○正月十一日
　昼前、戸田内三田村三碩《さんせき》、大嶋右源二《うげんじ》同道にて来る。予、対面。旧冬わたし置候写本、三碩は三餐一覧上冊、右源二は籠飼鳥《かいこどり》一の巻写し出来、原本共《とも》持参。

嘉永元年（一八四八）
○四月二十三日
（前略）これにより、先月二十三日捕へ候十姉妹壱羽、異国鳥にて絞鳥《しめとり》に成かね候間《あいだ》、今日、太郎に申付《もうしつけ》、伝馬町鳥屋に遣す。男鳥故《ゆえ》に、価四十九文に成《なり》と云《いう》。其《そ》のほか買物致《いたし》、暮時帰宅。

日記の読み方

　掲載した日記は、意味合いや文調が変わらない範囲で、一部の難読字などを現代文字づかいに直してある。だが、それでも読みにくい部分や現在ではあまり使われなくなった用法もあるので、それらについて少し解説しておきたい。
　文政十年正月八日の日記の記述の中で、もっとも特殊な文字は「畢」という字だろう。滝沢馬琴《たきざわばきん》はこの日以降も、何度かこの表現を使っている。この文字は「おわんぬ」と読み、

「終わった」「〜してしまった」の意を示す。「隕」は落ちるの意で、地上より高い場所から地面に落ちたということ。よって、「隕畢」は、カナリアがとまり木から落ちて死んでいたことを示している。今で言うなら落鳥《らくちょう》という言葉が近い。

　現代でもよく使われる言葉だが、鳥を飼っている人間以外はあまり使わない言葉である

「一番子《いちばんこ》」「二番子《にばんこ》」についても少し解説しておこう。飼い鳥や一部の野鳥では、餌や気温などの条件が揃えば、年に二度、三度とまとまった数の卵を産み、雛を孵《かえ》すことがある。親鳥がそのシーズンの最初の抱卵で孵した雛《ひな》を一番子、二度目の抱卵で孵した雛を二番子と呼ぶ。体力と気力の充実した親の場合、さらに三番子まで孵すことがあるが、三番子は小ぶりで弱かったり、足などに障害を持つものが増える傾向がある。疲れが蓄積した親が栄養不足の卵を産んでしまうためだと言われている。

　なお、文章の最後の「親かけにさせし故」の「親かけ」は「親欠け」で、「親から引き離して育てた子ゆえに」という意味である。すなわち、馬琴が刺し餌をして育てた鳥、ということなのだろう。

滝沢家の家族構成と松前老公

左に掲載したのが滝沢家の家族構成である。

まず、宗伯（滝沢興継《おきつぐ》）だが、馬琴の子供の中の唯一の男子で、幼名は鎮五郎《しずごろう》。医術を学び、松前志摩守《まつまえしまのかみ》（松前老公）の出入り医者をしていたが、身体が弱く、頻繁に具合を悪くしては寝込んでいた。松前老公が亡くなったのちは父親、馬琴の助手として働く。天保六年（一八三五）、馬琴が六十九歳の時に父母を残し死去。三十八歳だった。

図2　滝沢家略系図

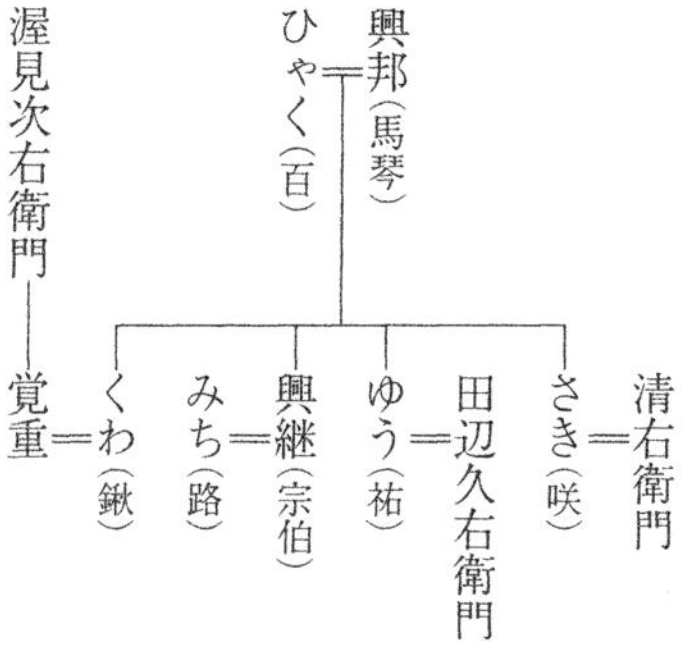

注　『馬琴日記』『吾仏乃記』ほかより作成。

さき（咲）は三人いた馬琴の娘の長女。清右衛門はその夫である。

覚重（渥見覚重）は三女くわ（鍬）の夫で、絵描き。馬琴がみずから企画した鳥類図鑑『禽鏡《きんきょう》』の絵は彼の手によるものである。

松前老公（松前志摩守）は、馬琴の息子宗伯が出入りをしていた屋敷の主人で、馬琴に珍しい鳥（蝦夷鳥）を贈った人物である。

馬琴と彼の鳥

馬琴にとっての鳥

滝沢馬琴《たきざわばきん》が小鳥を飼い始めたのは文化《ぶんか》十年（一八一三）、四十七歳の夏で、いよいよ『南総里見八犬伝《なんそうさとみはっけんでん》』の構想をまとめようかというころのことだった。小鳥を飼おうと思った理由について、馬琴は『吾仏乃記《あがほとけのき》』の中で次のように記している。

文化年間、戯墨壮《ぎぼくさか》りに行はれて一日も休暇あることなければ、折々《おりおり》逆上して口痛の患あり。一日、心ともなく思へらく、吾今、筆硯《ひっけん》の為に繋《しげ》れて保養に由なし。小鳥などの活物《いきもの》を坐右に在《あ》らせて、常にその運動を見るならば、気を散じて宜《よろ》しかるべしと思ひしかば、文化十年癸酉《みずのとのとり》の夏の比《ころ》、紅鶯（テリウソ）一隻《いつせき》を求得《もとめえ》て、其籠《そのかご》を書斎の窓に掛けたりしに、終日《ひねもす》よく鳴けば、聊《いささか》保養にならざるにあらず

簡単にまとめるとこうである。文化年間（一八〇四―一八）、馬琴は一日も休むことなく戯作《げさく》を書き続けなくてはならなかった。そのため、精神的にも疲労が溜まっていらいらすることが多く、思わず言葉で人に八つ当たりをすることもあった。こんな状態が続いているのは心休まるものがなに一つないためだと悟った馬琴は、小鳥でも手許《てもと》におけば気が紛れていいだろうと思い、一羽の雄のウソを手に入れる。その鳥籠を書斎の窓に掛けてみたところ、これがよい感じで、まあまあ保養になったと満足するのである。

こういう思考の流れは、現代にも通じるものがある。生活の潤いや癒しをもとめて、小動物を飼う人間は今も多い。見えない疲労、いわゆるテクノストレスにさらされている現代人の中には、馬琴と同じような理由から愛玩《あいがん》動物を求める者も確かにいるのである。

また、仕事に忙殺される「売れっ子」作家の悲哀を、先の馬琴の文章から感じ取ることができる。こういう点においても、やはり彼は時代を先取りしていたのかもしれない。

近年、小動物と触れ合うことで精神・肉体の両面が安定し、ストレスが減るという研究

も報告されている。犬や猫などに触れることはもちろん、鳥や鑑賞魚を眺めるだけで血圧が低下する人間も多いという。そんな動物たちをコンパニオンとした動物介護療法（ＡＡＴ＝アニマル・アシステッド・セラピー）も少しずつ定着しつつあるようである。

常に書き続けることを要求される流行作家としての仕事、蓄積する疲労、癇癪《かんしゃく》持ちで嫉妬深い妻、馬琴より先に亡くなってしまうことになる病気がちな息子。おそらく馬琴は相当なストレスに常時さらされていたはずである。だとしたら鳥たちは、馬琴にとって、やはりある種の薬であったに違いない。

あくまで推測にすぎないが、もしも馬琴が鳥を飼っていなかったなら、八十二歳という歳まで生きていなかったかもしれないと思うのである。

馬琴が飼っていた鳥

文化十年（一八一三）の冬に、馬琴はさらにもう一羽、今度はウソの雛を手に入れ、育て始める。面白いと感じるとのめりこむ性癖を持っていた馬琴は、ひとつ鳥飼も極めてやろうと思い立ち、翌年の春から次々と小鳥を買い集めるようになる。

当時の状況は、滝沢家の家記である『吾仏乃記』の中の「飼鳥《しちょう》養狗《ようく》の的楽《てきらく》耽楽《たんらく》自箴《じしん》」という項目中に生々しく綴られている。

それによると、馬琴が本格的に飼い鳥の収集を始めると、それを聞きつけた鳥屋の主人たちが毎日のように鳥を持ってくるようになった。それを片端から買っていたら、あれよあれよという間に、百羽前後にもなってしまったという。

同じ種類の鳥ならまだしも、与える餌も生活習慣も異なる鳥百羽など、一人や二人ではとても世話しきれるものではなく、また餌代も相当なものとなる。当然、鳥籠の置き場にも困る。これでは本業にも差し支えると、はっとわれに返った馬琴は、翌年にはほとんどの鳥を売り払った。その際、最後まで手許に残していたのがカナリアで、以後馬琴の家では二十年に渡ってカナリアが飼育されていくことになるのである。

なお、文化十一年の春から翌年にかけて馬琴が飼っていた鳥は次のとおりだ。

和鳥、輸入鳥を合わせた、いわゆる小鳥が約七十羽。この中には、ウソ、カナリア、ホトトギス、カッコウ、ヨシキリ、サンコウチョウ、キクイタダキ、メジロなどがいたようである。鳩にはことのほか執着があったようで、キンバト、ギンバト、シラコバト、チョウショウバト、アオバト、キジバト、ドバト、クジャクバト、連雀鳩《れんじやくばと》（ドバト＝アークエンジェル種）の八種十七羽がいた。

このほか、チャボ、烏骨鶏《うこつけい》といった鶏《にわとり》類、小鴨、オシドリ、バン、シギといったやや大型の水鳥も家の庭で飼っていたという。

『馬琴日記』に登場する鳥

さて、『馬琴日記』を読むと、文政《ぶんせい》から天保《てんぽう》にかけて、馬琴は「カナリア」を中心に、「鳩（連雀鳩）」「蝦夷鳥《えぞどり》」の三種類の鳥を飼っていたことがわかる。

カナリアは当時、金糸雀、金雀、カナアリヤ（金有屋と記載されることもある）などと記されていた。原産地はアフリカ北西部、モロッコの沖合に位置するカナリア、マディラ諸島、ポルトガル西のアゾレス諸島で、十六世紀の半ばにはすでにヨーロッパ中で飼われていた鳥である。

十七世紀末から十八世紀にかけてカナリアは、ヨーロッパ各国で品種の改良が行われ、声の優れた鳥、変わった羽色の鳥、姿勢の優れた鳥などが特有の品種として固定されるようになる。もともと条件さえ整えば狭い籠の中でも繁殖の可能な鳥だったため、カナリアがヨーロッパから番《つがい》で持ち込まれると日本でも盛んに繁殖が行われ、武士・町人を問わず愛好家が広がっていった。

日本にカナリアが初めて持ち込まれた時期は、天明年間《てんめい》（一七八一―一八九）という説がこれまで有力だったが、梶島孝雄氏は『資料日本動物史』（八坂書房、二〇〇二年）の中で、

『唐通事会所日録《とうつうじかいしょにちろく》』の宝永《ほうえい》六年（一七〇九）三月二十日条に「唐船《からふね》、いんこ鳥、ぐわび鳥、金雀鳥各一羽持渡《もちわた》り候」とあるのが最初ではないかと述べられている。

同じ年に書かれている貝原益軒《かいばらえきけん》の『大和本草《やまとほんぞう》』の鳥の項には、コウライウグイス、九《きゅう》官鳥《かんちょう》、インコ、オウム、ガビチョウ、ダチョウなどの外国産の鳥に関する解説はあるものの、そこにカナリアについての記述は見られない。一方、享保《きょうほう》二年（一七一七）に完成したとされる左馬介《さまのすけ》の『諸禽万益集《しょきんまんえきしゅう》』の唐鳥《からとり》についての記述には、「かなあり」としてカナリアの名前を見つけることができることから、やはりカナリアは天明年間以前、一七〇〇年代の初期に日本に渡ってきたと考えてよいと思われる。

ところで馬琴の家には「極黄《ごくき》」と表記される全身が黄色一色のカナリアと、「ブチ」と記される斑のあるカナリア、そして白い羽毛のカナリア（アルビノ系か？）がいたようである。馬琴はカナリアのことを日記に書くたびに雄雌や羽色を正確に記していた。番にした鳥の羽色を見ると、彼は異なる品種のカナリアをつがわせることで、親とは違った羽根色の雛が生まれてくることを期待していたふしもある。

文政十年（一八二七）三月十五日の日記には、昨年の冬に他の飼育家から滝沢家にはいない「白中あひ」のカナリアを譲り受けたとある。繁殖に取り組んでいる鳥飼にとって、色変わりの雛を作り出すことは大きな喜びの一つである。馬琴もまた、そんな楽しみに取りつかれた一人だったのかもしれない。

カナリア舶来の記録

先に記したように、『唐通事会所日録』に記された情報によると、カナリアが初めて日本に持ち込まれたのは今から約三百年前のことだったようだ。長崎における貿易の記録や、長崎奉行の記録がまとめられた『唐通事会所日録』は公式性が高く、信頼度も高いものであることから、この日録に記された宝永六年（一七〇九）三月二十日という日付はおそらく正しく、この年に初めてカナリアが日本に上陸したことは間違いがないと思われる。

ならばなぜ、これまでずっと、それより七、八十年も後の天明年間（一七八一―八九）に日本にやってきたと多くの書物に記されてきたのだろうか。

その理由を解明する情報を求め、カナリアのことを解説した文章が掲載されている書物を時代を遡って辿ってみたところ、江戸時代後期にまとめられた村田了《りょう》阿《あ》の『俚《り》言集《げんしゅう》覧《らん》』という本にいきあたった。

『俚言集覧』は、俗語やことわざの解説書であるとともに、時代を反映した情報・用語集という類の書である。さしずめ、〝江戸時代版『現代用語の基礎知識』〟といったところだろうか。成立は江戸の末期と言われ、これを再編集・増補したものが、明治三十三年（一九〇〇）に発行されている。この中にカナリアの記述がある。具体的にはこうである。

かなありや。黄なる小鳥にて近年よく好み飼ふ人あり。天明のはしめの年、阿蘭陀《オランダ》船来にて、初めて江戸駿河台《するがだい》辺《あたり》の人これをもとめて庭籠《にわこ》にて子を生しめ高金を得たりとある人いへり。加拿林鳥（カナアリヤ）

この解説が、後世にかなりの影響を残したような気がしてならない。これだけを読んだなら、たしかに天明年間にカナリアが日本にやってきたと読めてしまう。

しかしながら、『俚言集覧』が成立する以前に書かれた江戸時代の鳥の飼育書や解説書の中のカナリアの説明と、この書の記述を見比べてみると、先の文章には、説明する言葉が足りていないことがわかる。

内容を見る限り、『俚言集覧』のカナリアの解説は、比野勘六《ひのかんろく》の『飼鳥必要』（寛政十二年〈一八〇〇〉前後の成立）、もしくはそれに類する書物をもとに書かれているのは間違い

図３　カナリア（毛利梅園『梅園禽譜』より）

ないと思われる。

『飼鳥必要』に書かれたカナリアの説明を大雑把《おおざっぱ》にまとめると次のようになる。カナリアは以前から時々、オランダ人の手で長崎に持ちこまれていたが、それらはみな雄ばかりだったので雛が育つことはなかった。番が日本に初めて持ち込まれたのは天明年間で、出島のオランダ屋敷で繁殖に成功する。その番を譲ってもらった長崎奉行は鳥を江戸に運ばせ、駿河台のある旗本の屋敷で繁殖が試みられたが一年目は失敗。だが、さまざまな工夫をしたことで翌年からは雛を孵《かえ》し、無事に成長させることに成功した。そうして、カナリアはいまや日本中どこでも飼育される鳥となった。

『俚言集覧』の説明文と比べると、何が省かれたのか瞭然であろう。

書籍、特に辞書のようなものを編纂《へんさん》する者にとって、説明する内容の取捨選択は必務である。利用者に有益な情報を的確に伝えるために、不要な部分をばっさり切り捨てることも当然、必要となる。そして、その判断は編纂者に委《ゆだ》ねられる。おそらく、『俚言集覧』の編纂者は日本中で飼われているカナリアがどういう経緯で国内に広がっていったのかを示すことが重要で、カナリアは実はそれ以前から日本にやってきていたという事実を記述する必要性をあまり感じていなかったのだろう。その選択によって、後世に正しい情報が伝わらなくなる可能性がある、ということまでは考えなかったのかもしれない。

鳩

ところで、カナリアのほかに、馬琴の家では鳩も飼われていた。江戸の市中で鳩を飼っていた人間が当時どのくらいいたのかは、よくわからない。カナリアやブンチョウなどの小鳥類と違って広い小屋を必要とした鳩は、広い敷地を持った武士の屋敷や商人の家、あるいは農家などでないと飼えなかった可能性も高く、庶民レベルではあまり飼われていなかっただろうと推察していたが、実はどうもそうではなかったらしい。十七世紀末に書かれた人見必大《ひとみひつだい》の『本朝食鑑《ほんちょうしょっかん》』には次のようにある。

鴿《いへばと》は家鳩《いえばと》である。今、各家でこれを畜《か》っている。能《よ》く馴れて人を恐れず、鶏や犬といっしょに餌を求める。惟《ただ》、猫・鼬《いたち》・鳶《とび》・鳥だけが害をなす。屋上に棲《すみか》を構え、局《きょく》所《しょ》に窓を開けて出入りする。匹偶《ひとつがい》（＝一番）は常に一局《いっきょく》を守って、他の匹偶を拒んで入れない。性質は淫で、交合しやすく、よく卵を生むが、やはり荐《しきり》に卵を抱いて能《よ》く育てている。それで、種類も蕃多《おびただ》しい。もし近隣の養 鴿《やしないばと》を招集したいと思えば、新しい棲《すみか》を造営し、香を焼き、米・菽《まめ》をまけばたちまち来居すると伝えられているが、予《わたし》はまだこれを試していない。

表1　江戸時代に日本で飼われていた可能性のある鳩

名　　称	棲　息　地　な　ど	備考
アオバト	人里から離れた森で群で暮らす	○◇
キジバト	平安時代から「ヤマバト」の名で親しまれている	○◇
ドバト	家禽化されていたカワラバトが野生化したもの	○◇
クジャクバト	カワラバト（ドバト）の改良品種	◇
シラコバト	江戸時代に帰化し、関東に棲息	○◇
ジュズカケバト	シラコバトの改良品種	
ギンバト	シラコバトの改良品種	◇
キンバト	インド～東南アジア、オーストラリア、琉球に棲息	◇
カノコバト	中国南部、東南アジア、オーストラリア北部に棲息	
シンジュバト	カノコバトの亜種で、タイに棲息	
チョウショウバト	マレー半島、インドネシア、オーストラリア北部に棲息	◇
オナガバト	南アジアから南太平洋に棲息	
ハイイロミカドバト	東南アジア島嶼部のスールー諸島などに棲息	
カンムリバト	ニューギニア島西部に棲息	
ベニジュズカケバト	ジャワ島、スマトラ島、バリ島などに棲息	
ズアカアオバト	琉球～台湾に棲息	
キンミノバト	マレー半島、フィリピンに棲息	
カラスバト	五島列島、琉球、伊豆諸島に棲息	○

注　備考欄の○印は日本産もしくは江戸時代までに日本に帰化した鳩、◇印は滝沢馬琴が飼っていた鳩であることを示す。

各家というからには、鳩を飼っている家はそれなりの数があったということだろう。

必大は鴿を「いえばと」と読んでいる。「いえばと」は、「たうばと」「だうばと（堂鳩）」の異名である。江戸時代後期になると、「だうばと」は「どばと（土鳩）」と変化し、この名で呼ばれることも増えている。なお、「鳩」という字はハト類全体をあらわすことが多かったようだ。

蝦夷鳥

最後に残るのが、松前志摩守から譲られたという「蝦夷鳥」である。蝦夷鳥は、泉花堂三蝶《せんかどうさんちょう》の『百千鳥《ももちどり》』など、鳥に関する書物も複数所有していた馬琴にして、名前も素性もまったくわからないという鳥だった。

馬琴が作った鳥の図譜『禽鏡《きんきょう》』の第一巻「林鳥部（第二）」には、「蝦夷《えぞ》神道《しんとう》石門《せきもん》無名《むみょう》鳥《どり》」の名でこの鳥らしい青い羽毛の鳥が描かれている。『図説日本鳥名由来事典』（柏書房、一九九三年）において、菅原浩・柿澤亮三両氏はこの鳥を、日本各地の沿岸部に棲むイソヒヨドリ（雄）と特定した。

だが、馬琴もイソヒヨドリという鳥名は知っており、「蝦夷神道石門無名鳥」のすぐあと、ジョウビタキやイワヒバリなど四羽の絵図をはさんで、「磯鶇」「いそひよどり　雌」と二つの絵図を残している。

これはどういうことなのだろうか。

まず第一に、イソヒヨドリという鳥が雌雄同色ではない、ということが挙げられる。雄は全体が青みがかかった羽毛に包まれていて、腹の部分だけが赤褐色（光線の加減で紫がかって見えることもある）なのに対し、雌は全体が茶褐《ちゃかっしょく》色から黒褐色のうろこ模様の鳥である。その違いを知らない人間が別種の鳥と判断しても、おかしくはない。

第二に挙げられるのが、馬琴の知識の問題である。観察力の鋭い人間だった馬琴は、以前に飼ったことのある鳥やじっくり観察したことのある鳥については、おそらく一般の人間より正確に記憶しており、それらの鳥の特徴を示せと言われれば、至極簡単に言葉や文字で解説することもできたにちがいない。だが、日々戯作を書き続けなければならなかった馬琴には、長期にわたって家を空けることは許されず、磯や山林などに住む鳥たちの生態を実際に自分の目で見ることはほとんどなかったことだろう。それゆえ、彼の知識の多くは紙から得られたもので、野生のイソヒヨドリも実際にその目で見たことがなかったのではないかと思われるのである。

江戸の自然の一端にふれる

ところで、馬琴が暮らした江戸の環境はどんなものだったのだろうか。興味深く感じるのが、文政十年五月八日と六月二十一日の日記だ。

庭で鳥が騒ぐので見に行くと、鳥籠に蛇が乗っていたり、イタチが鳩を襲いかけていたりする。これを馬琴や息子の宗伯《そうはく》が追い払うのである。また、別の日には、庭の木にウグイスが巣をかけたという記述もある。

この日記の当時、馬琴が住んでいたのは江戸の鎮守《ちんじゅ》の要とされる神田明神《かんだみようじん》石段下のあたりだった。当時の江戸では、江戸の真ん中に近いこのあたりでも、蛇やイタチが出没していたということなのだろう。

また、高い建物が存在しない、どこまでも広い江戸の町の上を渡り鳥が越えてゆく姿なども、馬琴ら江戸に暮らす人々は毎年見上げていたことだろう。コウノトリやトキが悠然と空を舞う姿も見たことがあったに違いない。そして、今より遥かに騒音の少なかった江戸の町では、囀《さえず》る鳥たちの声もよく響いたことだろう。

馬琴の日記には毎年のようにホトトギスの初音のことが記されている。天保九年（一八三八）出版の斎藤月岑《さいとうげつしん》の『東都歳時記《とうとさいじき》』によると、江戸のホトトギスの名所は、小石川白山《はくさん》のあたり、高田雑司ヶ谷《ぞうしがや》、四谷あたり（大番町）、駿河台《するがだい》、お茶の水、神田杜《もり》、谷中《やなか》、芝増上寺《ぞうじょうじ》の杜、隅田川のあたり、根岸の里、根津のあたりであったという。なるほど、馬琴の家の近隣では、よくその声が聞こえていたのだろう。

江戸の人々はどのように鳥を愛したか

江戸時代以前の人と鳥との関わり

江戸の飼い鳥事情に踏み込んでゆく前に、江戸時代以前の鳥と日本人との関わりを、まずは確認しておきたい。

古代、鳥はどんな存在だったか

現在、日本と呼ばれている土地にいつから人間が住んでいたのかははっきりしないが、日本人の一つのルーツとされる縄文人が日本列島で暮らし始めたのが、一万五千年から一万二千年前のことだという。その縄文時代において、鳥は主に食料として認識されていた。

例えば、富山市の小竹《おだけ》貝塚からはシカやイノシシなどに混じってキジやカモの骨が見つかっており、また同じく富山県の朝日町境A遺跡からはカイツブリ、アホウドリ、カモメ、ヒメウなどが食された痕跡が見つかっている。他の土地では、サギやツル、カラスなども食卓に上がっていたらしい。

だが、だからといって縄文時代において、鳥は捕食の対象としての存在でしかなかったかといえば、答えは否である。近年、出土品や出土の状況から縄文時代の社会のありかたや生活様式を解明する研究が進んだことにより、新たな事実が次々とわかってきた。その結果、自然崇拝などの原始的な宗教がすでに存在した可能性が浮かび上がってきたのである。

石川県能登半島の真脇《まわき》遺跡から出土した鳥形把手付《とってつき》土器も、その可能性を示唆する一つの例といえる。鳥の頭を模《かたど》った把手の付いている茶碗サイズのこの土器が、特別な目的を持って製作されたものであることは間違いない。形状や、鳥の目にあたる部分に意図的に朱が入れられていたことなどから、土器は祭祀《さいし》目的で作られたものと考えられている。

また、茨城県ひたちなか市の三反田蜆塚《みたんだしじみづか》貝塚遺跡からは埋葬されたと思われる大型のワシ（オジロワシ）の骨が出土した。その後、同じこの遺跡から、約三千五百年前（縄文時代後期）のものと見られる鳥形土製品や鳥形把手も発掘された。鳥形土製品はその嘴《くちばし》の形状などから、猛禽《もうきん》類を模して作られたのではないかと推測されている。

これらの遺物から言えることは、三反田蜆塚貝塚を遺《のこ》した人々は、優雅に空を舞うワシに対して特別な意識を持っていたということである。それは畏怖《いふ》であり、同時に愛情でもあったのだろう。もしかしたら、ワシをムラの守り神と考えていたのかもしれない。

一般に、鳥が信仰の対象になったのは弥生時代からとされているが、こうした出土品などから、縄文時代後期の特定の地域においては、そういったことがすでに始まっていたと考えられるのである。

弥生時代から『万葉集』の時代にかけて

弥生時代になると、鳥に対する信仰はよりはっきりしたものになり、地域的な広がりも見せるようになる。複数の遺跡から出土している鳥形の木製品（鳥形木器）が、それを示唆する。その多くが竿《さお》の先に取り付けられて地面に立てられていたと推察される鳥形木器は、農耕儀礼や祭祀などに用いられたと考えられ、稲作《いなさく》文化との関わりも指摘されている。

そんな弥生時代の遺跡の中で最も興味深いのが、山口県の土井ヶ浜《どいがはま》遺跡だ。三百体もの人骨が発掘されたこの遺跡から、左の胸に鵜《う》を抱きかかえるようにして埋葬された女性の遺骨が見つかった。「鵜を抱く女」と命名されたこの人骨は、ムラの中で特別な地位にあった人物と推測され、巫女《みこ》＝シャーマンであったと考えられている。

古来、鳥は翼をもって飛ぶその姿から霊魂を運ぶものと信じられており、生と死の狭間《はざま》にあってその間を自由に行き来できる存在と考えられていた。後の、記紀《きき》（『古事記』『日本書紀』）に記された物語などからも、その思想を読み取ることができるが、その原型となる信仰は弥生時代にすでに存在していたと考えてよいだろう。

埋葬された女性がなぜ「鵜」という鳥を抱いていたかについて、『稲と鳥と太陽の道』（大修館書店、一九九六年）の中で、萩原秀三郎氏は「鵜は季節を定めて去来するため神の使者と考えられたのであろう」と述べられている。弥生人がカミ（神）の存在を意識しはじめた時から、鳥は少しずつ特別な存在となっていったことが想像できる。

また、この時代、巫女（男巫女も含む）は鳥に似せた装束《しょうぞく》を身に纏《まと》ういわゆる「鳥《ちょう》装《そう》」をしていた可能性が高い。鳥装はもちろん、巫女が神に近づくための手段であり、同時に巫女が特別な存在であることを民に知らしめる手段でもあった。奈良県の坪井遺跡や唐古《からこ》・鍵《かぎ》遺跡、清水風《しみずかぜ》遺跡から発掘された翼を持った（翼に似せた衣装を着た）人物が描かれた土器が、当時の巫女の姿を物語っている。

続く古墳時代になっても、特定の鳥を神聖視する考えは残っていたようだ。この時代には、さまざまな動物の埴輪《はにわ》に混じって、水鳥、カモ、鶏、タカなどの鳥形の埴輪が作られた。また、同時に弥生時代の鳥形木器の発展型とも考えられる木製品も作られていた。

平成十二年（二〇〇〇）に奈良県橿原《かしはら》市四条遺跡（五世紀後半—六世紀前半のもの）の四条9号墳古墳周濠《しゅうごう》から、木を組み合わせて作った大型の鳥形木製品が発見された。この鳥形木製品は体部の長さが約九〇チセン、翼の端から端までの長さが約一メートル（幅は約一八チセン）で、胴体の中央部分に水平にあけられた穴に翼を差し込む形になっていた。また、胴体・翼部の中央、ちょうど鳥の腹の中心にあたる位置には固定用の穴があけられており、どうやらこの部分に竿状の木（柄）を挿《さ》して、地面に対して固定されていたらしい。この鳥形木製品は他の出土品とともに古墳を取り囲むように樹立されていたと考えられている。

また、平成十四年には同じく奈良県大和郡山市の水晶塚《すいしょうづか》古墳（六世紀前半）の周濠から翼の端から端までの長さが約一三〇チセン（幅は最大で約三六チセン）の翼形木製品が出土した。その表面には羽毛をイメージさせる細かい刻み目が無数に付けられ、翼の両端には楔《くさび》状の深い切り込みが二十箇所ほど付けられていた。楔状の切り込みが風切羽を模して付けられたのは明らかで、奈良県立橿原考古学研究所の報告によると、ワシやタカといった猛禽《もうきん》類の翼を表現したものと考えられるという。このほか水晶塚古墳の周濠からは、鳥の胴体や尾にあたる部分のほか、小型の鳥形木製品も見つかっている。

水晶塚古墳の鳥形木製品も、四条9号墳と同様に古墳を取り囲むように周濠に沿って設置されていた。こういったものが置かれていた理由は、死者の魂を慰めようとしたのか、あるいは死者の魂を黄泉《よみ》へと誘うためか、また古墳自体を霊的な力で守ろうとしたのか、事実はまだ未解明である。弥生時代の鳥形木器や古代の柱に対する信仰などとの関係も含め、今後の研究が待たれている。

一方、このころになると人と鳥との共存、あるいは共生が始まっていた可能性がある。群馬県太田市オクマン山古墳から出土した六世紀末ごろのものと推測される鷹匠埴輪《たかじようはにわ》は、鳥と人間との新しい関係を示唆する。鷹匠埴輪が作られていたという事実から、タカを使

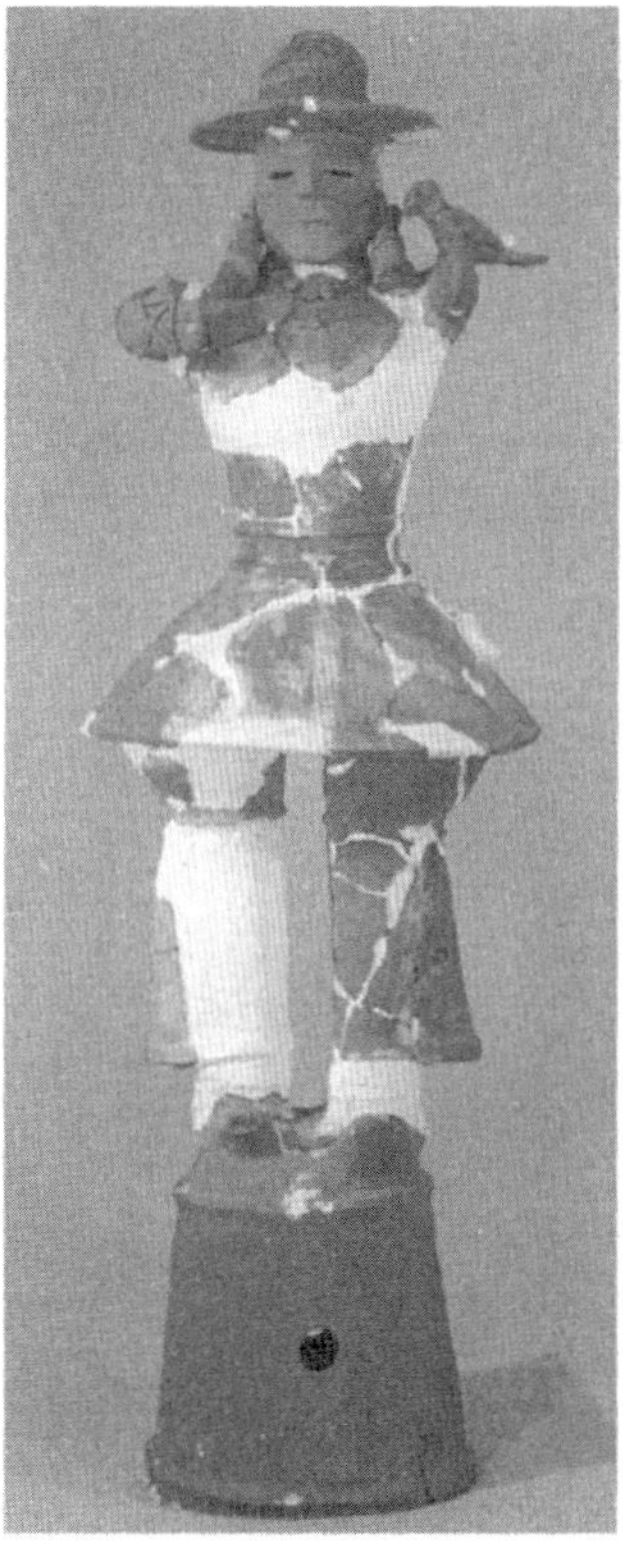

図4　鷹匠埴輪（群馬県オクマン山古墳出土、太田市教育委員会所蔵）

った狩りがこの時期すでに始まっていたと考えられるのだ。

橿原考古学研究所総括研究員の関川尚功氏は『はにわ人は語る』（山川出版社、一九九九年）の中で、日本における相撲や鷹狩のルーツが中国よりさらに北の北方ユーラシア、おそらくはスキタイの文化にあるとした上で、和歌山市の井辺八幡山古墳から力士埴輪などともに見つかった小さな鳥はおそらくタカであり、鷹匠埴輪からはずれたものである可能性が高いと指摘している。今後、同遺跡において鳥と組になる人物埴輪などの遺物が実際に出土したなら、タカと人間との関係を考察する上で貴重な資料になるのは間違いないだろう。

そして、さらに時代がすすんで『万葉集』が作られたころになると、鳥はより身近な存在になり、歌を作る人々は、すぎてゆく季節や訪れる季節を、ウグイスやホトトギスの声、雁《カリ》の飛ぶ姿などで表現しようとしたり、恋する喜びや人を思う寂しさ、辛さを、野の鳥や動物の姿に映し込んだりするようになる。人間としての素直な気持ちや感情を短い言葉で表現した『万葉集』の歌は、現代のわれわれの心にもよく響く。そして、彼らが確かに同じような心を持った日本人の祖先であることを感じずにはいられない。

古墳時代後期から万葉時代にかけて、人をとりまく環境や鳥に対する認識が変わってきた理由はいくつかある。その一つが新たな「文化」の浸透である。中国や朝鮮から学んだ文化がこれまで祖先から伝えられてきた日本独自の文化と混じりあって新しい文化が生まれ、それが少しずつ定着し始めたことが第一の理由であろう。クニが国家になり、制度が整って、大きな都が建設されるようになるにつれて、人間の持つ「力」に対する自信が深まり、自然に対する本能的な畏怖が減ってきたこともあるだろう。また、支配者階級と被支配者階級が明確に分かれたことで、生涯にわたって農業等の生産に従事する必要がなくなった支配者階級に「ゆとり」が生まれたことも大きい。

そして後に、その「ゆとり」と権威・権勢を示す意図が絡み合って、「飼い鳥」という文化を生み出してゆくことになる。

『枕草子』に見る鳥観

平安時代になると、野の鳥の姿を眺めたり、その鳴き声を聞くことが楽しみとして語られるようになる。そして、娯楽の一つとして鳥を飼うことが始まる。認識される鳥の数も万葉時代と比べて格段に増え、また鳥の名称も現代に通じる名前がよく見られるようになってくる。

平安文学の代表作の一つに清少納言の『枕草子《まくらのそうし》』があるが、日本随筆文学の嚆矢《こうし》とされるこの作品から、当時の宮廷人たちの鳥や動物に関する意識や当時の自然環境などを、

図5　平安時代の貴族の闘鶏（『年中行事絵巻』より）

実にリアルに読み取ることができる。

例えば、鶏。この時代、鶏は都《みやこ》の人々の周りにもいる、ごくありふれた鳥だった。そんな当時の鶏の姿を「うつくしきもの」の段から読み取ることができる。

（前略）にはとりのひなの、足高に、白うをかしげに、衣《ころも》みじかなるさまして、ひよひよとかしかましう鳴きて、人のしりさきに立ちてありくもをかし。また親の、ともにつれて立ちて走るも、みなうつくし。（後略）

意訳すると次のようになる。「白い羽毛に包まれたヒヨコ（鶏の雛《ひな》）は、丈の短い着物

を着たように足がひょろりと見える。そんなヒヨコがぴよぴよとやかましく鳴いて、人の足にまとわりつくように前や後ろに行き来するのがおもしろい。また、親と連れだって走るのも、かわいらしい」。

庭先の鶏とその雛の様子が見えるような記述である。

古来より、朝を告げる鶏の声には「魔」を払う力があると信じられてきた。当時は、魔除《よ》けとして鶏を家に置く者もいたのだろう。また、現代においても一部の神社で見られるように、境内《けいだい》で鶏を放し飼いにしていた神社も多かったと考えられる。

だが、鶏を飼う理由は他にもあった。平安時代の後半は盛んに闘鶏《とうけい》が行われた時期だったため、他家の鶏と戦わせるために鶏を育てていた者も多かったのである。

闘鶏自体は『日本書紀』にもその記述が見られるように、平安時代以前から行われていた。だが、古代における闘鶏は神事の延長であり、吉凶《きっきょう》を占うなどの目的のために行われるのが主だったと考えられている。そこに娯楽的な要素がまったく存在しなかったわけではないが、やはり宗教的な色合いが強かった。それに対し平安時代になると、権力者およびその周辺の人間たちの娯楽としての闘鶏も行われていたことが、複数の資料から明らかとなっている。これがこの時期以降の闘鶏の大きな変化である。

平安時代に飼育を楽しむために飼われた鳥はほかにもあった。「心ときめきするもの」の段には筆頭に「雀の子飼い」が挙げられている。捕まえてきたスズメの雛を育てることは、当時流行した趣味の一つだったようで、『源氏物語』の若紫の巻にも記述が見られる。捕まえたスズメの雛は、おそらく籠で飼われたはずである。スズメの若子の場合、親から引き離され、狭い籠に閉じ込められるとショックで餌を食べなくなり、結果死んでしまう場合が多い。だからこそ、飼育の腕を競うある種のゲームとして、子飼いが流行《はや》ったのだろう。

だが、元々は丈夫な鳥であるスズメの場合、最初のショックを克服し、人間から与えられた餌を食べるようになると、懐《なつ》くのもまた早い。かなり懐いたスズメの場合、飼われている家を自分の住処《すみか》と認識し、籠から出しても逃げ去ることをしなくなる。こうなると、また違ったかわいさも感じるようになる。今でいう手乗り文鳥などと同じだ。スズメの声を真似た舌打ちに反応して、飼い主のところに飛んでくるスズメもいる。

清少納言は『枕草子』の「うつくしきもの」に、「ネズミが鳴くようにチュチュッと唇を鳴らすと踊るようにやってくる雀の子が、かわいい」と書き記しているが、まさにこのように振る舞うのである。

ほかに平安貴族の間で飼われていた鳥としては、ヒヨドリ（鵯）がいる。

ヒヨドリも人気

ヒヨドリ（当時の呼び名は「ひえとり」）は平安時代にはよく飼われていたようで、建長《けんちょう》六年（一二五四）に成立した『古今著聞集《ここんちょもんじゅう》』（橘成季《たちばなのなりすえ》著）には、ヒヨドリを譲った話や、飼っていたヒヨドリで競い合う「鵯合《ひよどりあわせ》」が行われたという記述が残っている。またこの記述から、鵯合は手順や座席の配置などが細かく決められており、特定の様式に沿って行われたことがわかる。なお、『古今著聞集』で鵯合が行われたとされるのは承安《じょうあん》二年（一一七二）五月二日で、高倉《たかくら》天皇の時代だったようだ（資料としての信頼度がより高い『百錬抄《ひゃくれんしょう》』承安三年五月の項に、「五月二日。上皇御所において鵯合の事有り」とあるため、承安二年五月という『古今著聞集』の記述は誤りで、実際には承安三年が正しいと考えられている）。貴族の家で飼われていた鳥は、「荻葉《おぎのは》」「はやま」「おもなが」「無名丸《むみょうまる》」「千与丸《ちよまる》」

など、それぞれに名前が付けられ、大切に世話されていたようである。

小さな群を作り、ヒーヨピィーヨとけたたましい声で鳴き交わすヒヨドリは、雛から飼うと実によく馴れる鳥である。しかもカラスを除いた身近な鳥の中では飛び抜けて頭がよく、飼われている鳥は人間をきちんと個体識別することができ、従うべき相手とそうでない相手を判断し、対応することもできる。その認識力はブンチョウやジュウシマツよりはるかに高いと感じられる。そんなところが平安貴族に好ましく思われ、愛玩されるようになったのかもしれない。また、後の江戸時代の鳥の飼育書である『喚子鳥《よぶこどり》』には、「子がひよく、物まねをさへづる」（雛はよく馴れ、物まねを囀《さえず》る）とある。「鵯合」の場においては、ほかの鳥の声を覚えさせ、競わせるといったことも、もしかしたら行われていたのかもしれない。

ウグイス対ホトトギス

さて、平安時代になると、鳥に対する好みもはっきりしてくる。特に宮廷人には、ウグイスが好きなウグイス派とホトトギスが好きなホトトギス派があって、どちらが優れている鳥なのかという議論も行われていた。『拾遺和歌集《しゅういわかしゅう》』などには、ウグイスとホトトギスの優劣を論じた歌も収録されている。

清少納言はホトトギスに対し強い好感を持っており、その感情はしばしば『枕草子』の中に現れる。『枕草子』の中に「鳥は」と題された項があり、ここに十六種の鳥が紹介されているが、それをじっくり読んだなら、文章の結びで彼女は、「これまで挙げたように世の中には沢山の鳥がいて、それぞれよい所もいろいろあるけれど、やっぱりホトトギスが一番すばらしい」と結論付けていることがわかるのである。

「鳥は」の中で紹介されている鳥は、鸚鵡《おうむ》、水鶏《くいな》、しぎ、都鳥（ユリカモメ）、ひわ、ひたき（ジョウビタキ）、山鳥、鶴、頭赤き雀（ニュウナイスズメ）、斑鳩《いかる》、たくみ鳥（ミソサザイ）、鷺《さぎ》、鴛鴦《おしどり》、千鳥、鷲、時鳥《ほととぎす》。文中ではとりわけ鷲の部分にかなりの分量を割いているが、鷲の美点をあげて褒めているわけではないことが面白く感じられる。

鎌倉時代から室町時代にかけての変化

鎌倉・南北朝時代になると、鳩の飼育に関する記述が見られるようになる。藤原定家《ふじわらのていか》《さだいえ》の日記である『明月記《めいげつき》』承元《じようげん》二年（一二〇八）九月二十八日条には、「近年天子上皇皆鳩を好みたまふ、長房卿、保教等、本《もと》より鳩を養ひ、時をえて馳走《ちそう》す」とある。

ここでいう馳走は食事を提供する意ではなく、「競走する」という意味である。つまり、鳩のレースが行われたことを示している。同じく『明月記』建暦《けんりやく》二年（一二一二）七月十日条に「鳩合《はとあわせ》」の記載があることから、鳩を飛ばせて速さを競うことを、当時は「はとあわせ」と呼んでいたと推測される。これまで、日本で最初に鳩のレースが行われたのは明治九年（一八七六）とされてきたが、『明月記』に記された「鳩合」が本当に鳩のレースだったとしたら、日本の鳩レースの歴史は一気に六百七十年も遡ることになる。

ところで『明月記』には、もう一つ気になる飼い鳥の記載がある。それは、インコに関する記載である。インコ、オウムについての記述は、先に挙げた清少納言の『枕草子』にも見られるが、『枕草子』においては「鳥はこと所のものなれど、鸚鵡《おうむ》いとあはれなり。人のいふらむことをまねぶらむよ」とあるように「伝聞」の形で書かれているため、清少納言は実際にはオウムを見たことがなかったことがわかる。一方、定家はみずからの目でオウムを観察し、実際に触れてみる機会があったことが日記から読み取ることができる。

嘉禄《かろく》二年（一二二六）二月七日の日記には、次のようにある。

鸚歌《カヒコ》と云《い》ふ鳥、一見《いっけん》せよとなり。殿下に進むべしと云々《うんぬん》。其《そ》の鳥、大きさ鴨に同じ。色青く、毛は極めて濃く柔かく、觜《くちばし》鷹の如《ごと》くにして細し。柑子《こうじ》・栗・柿等を食ふと云々。

インコやオウムは七世紀ごろより時々、朝鮮や中国から日本に送られていた。おそらく、定家が見たオウムも大陸から贈られた鳥の一羽だったのだろう。それが中国南部からインド、インドシナ半島のどこかで産するインコまたはオウムであったことは推測できるが、詳しいことは不明である。このほか、嘉禄二年五月十六日の同日記には、中国（南宋）から珍しい鳥獣が大量輸入され、力のある者（権力もしくは経済力がある者）が競うようにそれを飼っているという記載が見られることも併せ記しておく。

貴族たちが楽しみの一つとして鳥を飼うことを始めた平安時代をペットブームの「第一期」ととらえたなら、飼育される鳥獣の種類が増え、貴族以外にも広がっていったこの時期（鎌倉時代初期）を、その「第二期」と定義付けることもできるだろう。

その後、鎌倉時代から室町時代にかけては、国産の鳥を飼う試みも広がっていたようだ。日本で唯一家禽化《かきんか》に成功した鳥といわれるウズラが本格的に飼育されるようになったのも、この時期である。また、後に大盛況となる鶯合《うぐいすあわせ》も室町時代においてすでに行われていた記録が残っている。

なお、中国では闘鶏と同じ要領でウズラを戦わせる「闘鶉《とうじゅん》」も行われていたが、当時の日本においてそういったことが行われたという記述は今のところ見つかっていない。

鳥の入手方法と飼われていた鳥たち

江戸時代の鳥の入手方法

現代において、愛玩《あいがん》を目的に鳥を入手しようとした場合、小鳥屋やペットショップを利用するのが一般的である。そのほか繁殖を試みている愛鳥家や専門の繁殖家から譲ってもらったり、友人や知人から譲ってもらう、というケースも考えられる。まれに、籠脱《かごぬ》けした鳥を拾った場合に、元の飼い主を見つけることができずにそのまま家で飼うということもある。

こうした方法は比較的新しいものと思われがちだが、実は今から百五十年以上も前の江戸時代においても、きわめて近い形での鳥の入手が可能だったことがわかっている。

江戸や大坂の町には鳥を販売する鳥屋があり、また好んで鳥の繁殖を行う者もいた。他人が逃がした鳥を捕獲することも、少なからずあったようである。つまり、江戸時代の人々は今とほとんど同じような形で鳥を入手することができたのである。

ただ、今と大きく違っていたのが飼われている鳥の種類だった。

現在、日本で飼育されている鳥の多くは日本以外の土地が原産で、そのほとんどが国内もしくは海外で育雛《いくすう》された鳥である。国内野鳥の捕獲および売買は法律により禁止されているため、いわゆる和鳥を飼っている人間は二、三十年前と比べてもかなり少なくなっている。これに対し、江戸時代の日本は野鳥飼育が全盛だった。

現在と違って、江戸時代においては「生類憐《しょうるいあわれ》みの令」が施行されていた一時期を除いて、鳥刺《とりさし》など専門の者が鳥を捕らえることは認められていたし、庶民が捕らえた鳥を籠で飼うことにもおおむね寛容だった。野鳥を飼うことは大名たちの間ではもちろん、庶民の間でも娯楽のひとつとして定着していたのである。

だが、この時代に外国産の鳥がほとんど飼われていなかったかといえば、そんなことはなかった。鎖国中であっても、長崎を通じてさまざまな鳥が日本に入ってきており、そうした鳥は、大名たちの手に渡ったほか、一部の鳥は市中の鳥屋でも売られていた。また、海外産でありながら早々に国内での繁殖に成功し、飼い鳥として普及し始めていた鳥も少なからずいたのである。

愛玩された鳥は、さまざまな径路を通って鳥好きの手に渡った。滝沢馬琴《たきざわばきん》の日記や家記を吟味《ぎんみ》した結果、江戸の市民が鳥を手に入れる方法として、少なくとも次のような手段があったことがわかった。

① 行商の鳥屋から買う
② 鳥屋の店舗で買う
③ 市（鳥の市）で買う
④ 鳥を拾う。または、みずから捕りにいく
⑤ 鳥を飼っている者から譲ってもらう

本章では、まずは当時の鳥の入手方法について、馬琴の著作物や同時代の書籍などから関連する記述を拾いだし、手段ごとに状況の確認をしてみることにしよう。そうすることによって、飼い鳥がどのような径路を通って人々の手に渡ったのか、その実態が把握しやすくなるはずだ。

行商する鳥屋

馬琴が一時期、自宅において百羽を超える鳥を飼っていたことは、先に触れたとおりである。それらの鳥は鳥屋を通して入手したものだったが、

馬琴が店に出向いて買ったものではなく、鳥屋が携えてきた鳥を買い取ったものだった。

こういった商売の方法は現代人の感覚にはあまり馴染《なじ》まないものだが、経済活動において行商がかなりの割合を占めていた江戸時代においては、ごくありふれた商いだった。当時は、食材から生活雑貨、嗜好品《しこう》、出版物にいたるまで、実にさまざまなものが行商人の手によって供給されていたのである。

『吾仏乃記《あがほとけのき》』のページをめくると、馬琴が鳥を求めていることを知った複数の鳥屋が競うように滝沢家にやってきて、鳥を売ったと記されている。その部分の具体的な記述は次のとおりだ。

> （前略）ここをもて其《その》次の年甲戌《きのえいぬ》の春より、多く小鳥を購求《あがないもと》むる程に、鳥商人等早く聞知りて、牛籠《うしごめ》船河原なる鳥屋庄兵衛、安藤坂なる鳥屋金次、小石川飛坂なる鳥屋松五郎・粂吉《くめきち》など云者、日毎に和鳥・唐鳥をもて来て見せて売まくす。

「日毎に和鳥・唐鳥をもて来て見せて売まくす」という記述が状況をよく伝えている。この一文から、その場に臨んだような写実的な光景を脳裏に描くことができる。

こうして毎日のようにやってくる鳥屋のおかげで、小鳥だけで七十羽以上、総計百羽を超える鳥が馬琴のものとなった。仕事が忙しくて店舗に足を運ぶことができなかった者にとって、鳥を携えて家まで足を運んでくれる鳥屋は実にありがたいものだっただろう。だが、ある日はっと我に返り、とんでもない状況になっていることに気付いた馬琴は、これでは仕事にならないと悟る。また家族の者の不満を知るに至り、鳥たちを手放す決心をするのである。

こうした鳥屋の訪問販売は、ただ単に鳥を売ることにとどまらず、商売拡大のための調査としても有効に機能していたと考えられる。鳥屋は鳥の飼い主と面をつきあわせて話をすることで、その人物がどんな鳥を何羽飼い、過去どういった飼育をしてきたかを確実に知ることができる。また、誰がどんな鳥を飼い、どんな鳥をほしがっているのかを知って、地域ごとの飼い鳥地図を作ることもできたはずだ。同時に、訪れた得意先から、近所のだれだれが鳥をほしがっている、という新たな顧客の確保につながる情報も入手できたに違いない。

おそらくは、ただ店で鳥を並べて待っているより、みずからの脚を使って行商に出かけた方が、努力した分だけ確実に顧客を増やし、より利益の大きい商いができたのだろう。

ところで、この時代の行商人や家に出入りする商人は物を売るだけでなく、不要になったものや余っているものの買い取りも行なっていた。それが結果として、江戸の町のゴミ減らしと物のリサイクルに役立っていたという事実もある。江戸の鳥屋も同様であった。鳥を携えてやってくる鳥屋は個人に対して鳥を売るだけでなく、要望に応じて鳥の買い取りも行なっていた。

ある日の馬琴のように飼いきれなくなって鳥を手放す者もいただろうし、飼っている鳥に飽き、違う鳥を求めようとした者もいたはずである。番《つがい》のつもりで買ったはずの鳥が、雄どうし、雌どうしであったこともあるだろう。また、繁殖がうまくいったがゆえに鳥が増えすぎてしまった家もあっただろう。そういった鳥の買い取りも、鳥屋は行なっていたのである。

また、特定の鳥をほしがっている顧客の要望を受けて、同種の鳥を手放す可能性のある客と交渉して譲り受けるといったことも行なっていた。つまり、売り手と買い手の間に立ち、場合によっては手数料をもらうなどして交渉の仲立ちを行う仲介業者としての役割も担っていたのだ。そうすることによって鳥屋は、大量在庫を抱えるというリスクを負うことなく、効率のよい商売をしていたと考えることができる。

それでは、店舗での鳥の販売はどんな感じだったのだろうか。

鳥屋（小鳥屋・飼鳥屋《かいどりや》）は馬琴が生きていた時代、江戸の町にも大坂の町にも存在し、それなりの繁盛を見せていた。鳥の商いは少なくとも室町時代から行われていたことがわかっている。

小鳥の店舗販売

例えば、江戸時代中期に京都に住んでいた絵師、西川祐信《すけのぶ》は、著作『絵本徒然草《つれづれぐさ》』（元《げん》文《ぶん》五年〈一七四〇〉）の中に鳥を商っていると思われる絵を遺している。

店の主人らしき人物と話し込む武家の客。鳥籠には幾種かの鳥が入れられているのが見てとれる。この絵の中だけでも七、八種類の鳥籠が見られることから、少なくとも七、八種類かそれ以上の鳥を扱っていることがわかる。手前にある大きな籠の中にいるのは鳥とともに売られていた兎《うさぎ》だろうか。また、店主の横にすり鉢があるが、おそらくこれは「すり餌」を作るためのものだろう。

武家の客はすっかりくつろいでいるようにも見える。相対する主人らしき男は、手振りも交えて話をしている。全体的な雰囲気から、話題は鳥の販売についてではなく、飼育に関する助言か何かをしているように感じられる。

このほか寛政《かんせい》八年（一七九六）から十年にかけて刊行された『摂津名所図会《せっつめいしょずえ》』にも、鳥

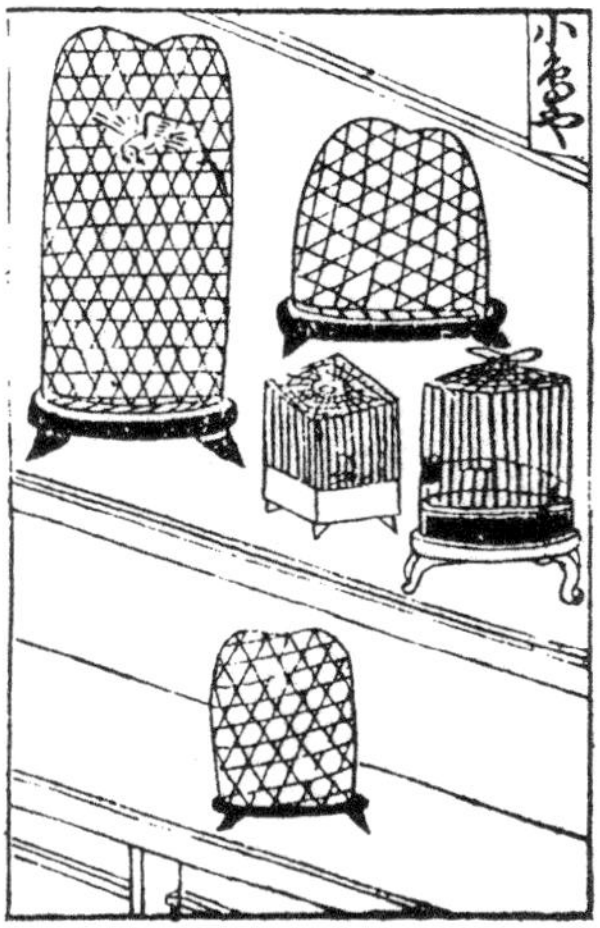

図７　小鳥や（『人倫訓蒙図彙』より）

図６　鳥屋（『絵本徒然草』より）

図８　八百屋町飛禽店（『摂津名所図会』四より）

屋の様子が描かれている絵を見つけることができる。ここでは愛玩用の鳥だけでなく、食用の鳥も同じようにして売られていた様子が見える。

これら二つの絵図は江戸時代中期のものだが、それより以前の江戸時代初期（十七世紀）の鳥屋の様子は、『人倫訓蒙図彙《じんりんきんもうずい》』の挿絵や『職人尽絵貼りまぜ屏風《しょくにんづくしえはりまぜびょうぶ》』の絵図などから確認することができる。

当時の職業および身分を挿絵付きの解説によって示した『人倫訓蒙図彙』の巻四に「小鳥や」の名があり、そこには解説として次のような注釈が書き込まれている。

小鳥や　諸《もろもろ》の飼鳥を商《あきなう》。其外《そのほか》鶯、鶉《うずら》等の鳴鳥《めいちょう》を持《もて》ば、諸方《しょほう》の鳥に音付けをする也《なり》。

『人倫訓蒙図彙』は元禄《げんろく》三年（一六九〇）に出版されている。そこにある解説から、このころすでに小鳥屋は商売として成立していたことがわかる（「生類憐みの令」の最初の令は貞享四年〈一六八七〉に発布されたが、同年から元禄三年ころはまだ、鳥類の飼育を禁止するような令は出されていなかった）。また、当時の小鳥屋は単に飼い鳥を販売するだけでなく、ウグイスなどの鳴き声の訓練も行なっていたことがわかる。囀《さえず》る声の美しい鳥は高く売ることができたことから、商品としての鳥に付加価値を付けるために鳥に訓練を施していたのだろう。おそらくは、有料で飼い主から若鳥を預かり、その鳥にみずからが飼育する鳥の囀りを聞かせることで美しい囀りを覚えさせる、いわゆる「付け子」という行為も行なっていたと考えて間違いはないだろう。

一方、さまざまな生業が緻密な筆づかいで描かれた『職人尽絵貼りまぜ屏風』は、二つの職種が描き込まれている絵四十八枚が六曲屏風の一扇に八枚（二列×四枚）ずつ貼り付けられたもので、絵の作者は土佐派や住吉派などの大和絵系の絵師と推測されている。

この中に「鳥屋・籠屋」と題された一枚の絵がある。

そこには、一羽ずつ鳥が入れられた鳥籠を横に、すり鉢でなにやら餌らしいものを擦っている鳥屋と、籠を編むための竹を割っている籠屋が描かれている。籠屋の横には鳥籠の上部と思われる竹で編んだ籠と、何かの入れ物らしい竹製の容器が見える。

鳥屋と籠屋が組になった絵は、鳥と鳥を飼うための鳥籠の歴史の交わりがかいま見えるようで、なかなか興味深いものがある。初めて鳥を飼う人間にとって、鳥と鳥籠は組でなければならない。また、家に鳥籠があったとしても、鳥を家まで持ち帰るための籠は必須となる。ゆえに、鳥の商いが始まったごく初期の段階から鳥屋は籠屋と協力関係を構築し、

図9　鳥屋・籠屋（『職人尽絵貼りまぜ屏風』より、千葉県立中央博物館所蔵）

一つの空間を共同の作業場、売り場として商いをしていたと考えることができる。

ところで、十八世紀に描かれた鳥屋が立派な店構えをしているのと対照的に、一昔前の『人倫訓蒙図彙』や『職人尽絵貼りまぜ屏風』に描かれた小鳥屋からは素朴とも言える印象も受ける。おそらく室町時代のころなど、江戸時代以前の鳥屋はこんな感じで商いをしていたのだろう。それが、江戸時代の中期以降、鳥に関心を持つ人間や鳥を飼う人間が増えたことによって商売の規模が拡大していった結果、『絵本徒然草』や『摂津名所図会』に描かれたような大きな店舗の立派な鳥屋へとなっていったに違いない。

数の制限を受けていた鳥屋

さて、こうして絵を眺めていると一見のどかに商いをしているようにも見える鳥屋だが、実は江戸では幕府によって店の数が制限され、勝手な商売が禁止されていたことがわかっている。

それを示す記述は、馬琴と同じ時代に江戸に生きた医師、加藤曳尾庵《かとうえいびあん》が当時の風聞《ふうぶん》を集めて書きしたためた『我衣《わがころも》』の中に見つけることができる。

『我衣』には、「諸鳥前々は、縁類方より鳥を送れば問屋　仕《つかまつり》たり。元文二年の頃より、鳥屋十間《けん》に極《きわ》め、其外《そのほか》にて売買曾《かつ》て不致《いたさず》。諸買上右十間問屋にて調《ととのえ》る。手形取て来る」とある。元文二年は西暦では一七三七年となり、「生類憐みの令」撤廃から二十八年、徳川吉宗が将軍職に就いてから二十一年後にあたる。

このあと『我衣』は、「鳥店、茅場町裏通薬師《うらどおりやくし》の側の方に、七八軒有。瀬戸物町、室町《むろまち》二丁目の横町、糀町《こうじまち》、神田須田町にも有りしが、十軒に極りて後、小田原町へ引く」と綴っている。ここでいう小田原町は現在の神奈川県小田原市のことではなく、江戸日本橋近くにあった小田原町を指している。現在で言うところの中央区日本橋室町近辺が小田原町に相当する。

『我衣』に書かれていることは大筋では正しい。だが、風聞集だけあって、そのすべてが正確だったわけではない。幕府の公式文書をあたってみると、実際に鳥屋が十軒に定められたのは徳川吉宗が将軍となってまもなくの享保《きょうほう》三年（一七一八）であることがわかった。『享保集成絲綸録《しりんろく》』の享保三年七月の項には、次のようにある。

江戸における鳥商売仕候儀《つかまつりそうろうのぎ》、三ヵ年之《の》内は町中に鳥問屋十人相極《あいきわめ》、雁鴨は言うに及ばず、小鳥飼鳥に至迄《いたるまで》、右之物之外《ほか》においては、鳥商売仕まじき候、（以下略）

この法には罰則もあり、勝手な売買をした者は罪人とされた。後の『嬉遊笑覧《きゆうしょうらん》』の解説によると、鳥問屋十軒が決められるのと同時に、「餌刺衆《えさししゅう》 賄《まかない》 鳥共《どりとも》請負人《うけおいにん》」すなわち餌《え》鳥屋《どり》七人が定められたという。その際に、鳥問屋から鑑札《かんさつ》を受け取った餌鳥屋がお抱えの鳥刺《とりさし》を使ってタカの餌となる鳥を捕り、その鳥を幕府の鷹匠《たかじょう》頭のもとに運ぶという作業の形が作られたらしい。

その後、規制は少し緩められ、享保十年（一七二五）には「水鳥問屋六人、岡鳥問屋八人」の計十四の鳥屋の営業が認められるようになった。この際、飼い鳥は基本的には陸に暮らす鳥であることから、岡鳥問屋が飼い鳥を扱うという決まりも明確に定められたようである。また、この時点において、京坂方面からミヤマホオジロやウグイスなどの鳥を江戸に送っている問屋が四軒存在していたが、彼らについては例外を認め、商売の継続が承認されたという。

江戸における鳥屋の店舗数の制限は幕末まで続いていたようで、明治時代の雑誌『風俗画報』が「江戸市中飼鳥屋の概況」（久永章武著）という記事を四回にわたって掲載しており、その初回にあたる明治三十五年三月号に、「……偖《さ》て今を去ること三十有余年前江戸市街に飼鳥商を業務とするものを単に鳥屋と呼ぶ、日本橋組三十戸、芝組三十戸併せて六十戸に限れり、……」という記述があることが『江戸の花鳥画』(今橋理子著、スカイドア、一九九五年)の中に紹介されている。なお、今橋氏は、同記事の後半において、江戸の鳥屋商の中で最も規模が大きかったのが本郷一丁目にあった越前屋《えちぜん》で、この店は幕府の飼鳥御用達の店であり、幕府以外も相当数の顧客を抱えて一時は莫大な利益を得ていたことを併せて紹介されている。残念ながらこの雑誌は未見だが、『江戸の花鳥画』の紹介によると、記事中には当時の鳥屋の様子を示した絵も掲載されていたようである。

このように幕府のお膝元である江戸では、鳥を商うことは厳しく制限されていた観があった。しかし、それとは対照的に、大坂や京都など江戸から離れた場所では、幕府の締めつけはあまり厳しくなかったか、あったとしてもかなり緩やかだった。

これは幕府による鷹狩が江戸を中心に行われていたことに加え、江戸時代の初期に定められた公家に対する諸法度によって公卿《くぎょう》からタカが取り上げられ、鷹狩もタカの飼育も禁止されたことと無関係ではないと推察される。この法度の制定以後、京都近郊で飼育されるタカが激減したのは確かである。当然、餌として捕獲される鳥の量も減っていたことだろう。

鳥屋の数が制限された理由は、「生類憐みの令」の時代に行われなくなっていた鷹狩を、吉宗が復活させたことと深く関係していることは間違いない。

鳥屋の数が制限された理由

吉宗が鷹狩を復活させると同時に、幕府はタカの餌となる鳥（餌鳥）とその供給者の管理を厳しく行うようになった。この件に関する幕府の公式の記録は『餌鳥会所記録《えどりかいしょきろく》』としてまとめられており、そこには享保五年から天保十三年（一七二〇―一八四二）まで約百二十年間における、餌となった鳥の数量や値段等のデータ、指示書などの各種書類、登録されていた業者名およびその変更などが、総計千ページを超える文書として残されている。

江戸時代の初期においては、鳥に関する商売は比較的自由に行うことができ、鳥刺がそのまま鳥屋を営むこともふつうに行われていた。だが、吉宗の時代以降、鳥屋の数が制限されると同時に鳥の捕獲に対しても制限が課され、餌鳥屋から鑑札が発行された鳥刺だけが当時の最大の需要であった御鷹用の餌となる鳥を捕ることが許されるようになった。その結果、もともと鳥を捕ることを生業《なりわい》としていた鳥刺が、「鷹の餌を捕る鳥刺」すなわち「餌刺《えさし》」と呼ばれるようになったのである。

「鳥の市」の利用

現在、世界最大の飼い鳥大国である中国では、多くの都市で決まった日に「鳥の市」が開かれているという。最近、野鳥の捕獲や取引きが制限されるようになってかなり減ったとされるが、それでも鳥の市はいまだに健在のようである。そんな中国のように、かつての江戸の町でもフリーマーケット的に鳥を売り買いすることができる市が定期的に開かれていたらしい。

『吾仏乃記』の中には、早く鳥を手放したいと思った馬琴が鳥の市を利用したという記述がある。最初は、鳥好きの人や鳥商にほしいといわれた鳥を売っていたが、なかなかその数を減らすことができず、これでは埒があかないと思った馬琴が、息子興継《おきつぐ》に市に持っていくように命じたのだという。

馬琴のいう鳥市は江戸のどこで、どのような形で行われていたのだろうか。記述の中に「日毎に」とあることから、毎日行われていたらしいことが推察されるのみである。だが、現在の飼い鳥をめぐる状況から想像してみることはできる。おそらく、鳥市というのは、鳥好きの人間が集まるある種のイベントだったのではないだろうか。そこは手放してもよい鳥を市価より安く売り買いする場であると同時に、鳥飼どうしが情報交換をする場であり、自慢の鳥を見せ合う場でもあったのかもしれない。「○○番付」のように何事にも順位付けをしたがった江戸市民のこと、こうした市において品評会が行われていたことも想像できる。そこではウズラやウグイスの鳴き合わせなど、「鳥合《とりあわせ》」も行われていたのかもしれない。

捕獲された鳥

滝沢家の嘉永《かえい》元年（一八四八）四月二十三日の日記には、ジュウシマツを一羽捕まえた旨が記されている。また、ここから自分では飼いきれないと判断された鳥を鳥商に売ったことがわかる。これは滝沢家に限ったことではなく、ほかの家でも同様だったと思われる。不要になった鳥や飼いきれない鳥は有料、もしくは無料で手放すのは当たり前のことだったのだろう。

また鳥屋の返答から、当時も鳥の雄雌で値段が違っていたことがわかる。美しい声や姿をした鳥は江戸時代においても高価で取引きされていたため、おそらくほとんどの鳥で雄の方が高値がついていたに違いない。

『諸禽万益集《しょきんまんえきしゅう》』（左馬介《さまのすけ》著、享保二年刊）の中の「小鳥雄雌をわかつ事」の中に、「多くの鳥において毛色の美醜で雌雄の判別をすることができる。深い色で美しいものが雄、浅い色で美しくないものが雌」という記載があることも、ここに併せて記しておく。

ところで、ジュウシマツを拾ったそのちょうど二十年前の文政《ぶんせい》十一年（一八二八）四月には、馬琴の家からもカナリアが逃げだしている。日記には、「当十四日朝、鳥に水を飼《かえ》候節、家母君、あやまちて金雀白雌壱羽《いっぱ》逃し、飛去、行方知れず」とある。飼われていた鳥の多くがもともと野鳥であったため、人馴れしていない鳥も多かったはずだ。それゆえ、開放的な日本家屋においては、ほんの少しの不注意から逃げ出す鳥も多かったに違いない。

馬琴のカナリアのように餌や水を替える際に鳥が籠から逃げてしまうのは現代でもよくあること。だが、野鳥を飼っていた人間にとって鳥は逃げてもまた捕まえればいいだけのものであったため、餌や水替えの際にあまり注意が払われなかった可能性もある。また、鳥が逃げたらそれはそういう運命と、おおらかに考えた人もいたことだろう。

さて、一方の野鳥の捕獲であるが、どうしても欲しい種類の鳥が鳥屋や人づてで手に入らなかった時に、専門家を雇って捕獲に出向いていたようである。ときに娯楽的な意味合いを持って鳥の捕獲が行われた可能性もあるが、いずれの場合も鳥を捕獲に行く際は餌刺の同行があった。彼らが捕獲に関する専門知識を有していたことに加えて、餌刺が同行しさえすれば、専門業者ではない人間が鳥を捕獲しても幕府から咎《とが》められることがなかったためである。『吾仏乃記』の中にも鳥の捕獲に関する記述が残されているが、やはりその際も餌刺が同行していたと記されている。

馬琴が行なった鳥の捕獲に関する記述は次のとおりである。

> この比又《ごろまた》、鳥屋庄兵衛に薦められ、餌刺長次郎と云者《いうもの》を雇ふて、興継を倶《ぐ》して、木《ず》兎《く》引《ひ》きの為に近郊江五田《えごた》・生袋《いけぶくろ》などへ出かけるも二、三度なりき。

木兎はミミズク類の鳥のこと。江五田・生袋は、今でいうところの江古田《えごた》、沼袋《ぬまぶくろ》のあたりである。「木兎引き」というのはミミズク類（あるいはそれを模した人形）を囮《おとり》にした小鳥の捕獲方法で、昼間に目隠しをしたミミズクを連れて林などに出向き、そこを縄張りとする小鳥が追い払うために飛んでくるのを捕まえることをいった。

『和漢三才図会《わかんさんさいずえ》』では「木兎引き」のことを次のように紹介している。

> （前略）これを飼って囮とし、目隠しをして止り木に繫《つな》ぎ、側にあみばこを置くと、木兎が盲の形になっているのを嘲笑するように、諸鳥がやってきてさわぎ立て、かくてあみばこにかかるもの数知れず、労せずして鳥を捕えることができるので、人はこ

れを賞する。

木兔引きについてはこのほか『本朝食鑑《ほんちょうしょっかん》』や『飼籠鳥《かいこどり》』にも記載がある。また、明治時代の新聞記事などから、明治になっても行われていたことがわかっている。果たしてこんなもので小鳥が捕れるのかと思いきや、『吾仏乃記』にはかなりの数が捕獲できたという記述が残っている。

このように餌刺は、その専門技術を生かして、個人の要望に応えて鳥を捕らえる、といったこともしていたらしい。餌鳥屋などから中間で金を抜かれる心配のないこうした招きは、彼らにとってよい小遣《こづか》い稼ぎになっていたのかもしれない。

小遣い稼ぎといえば、少年たちも小遣い稼ぎのために鳥を捕まえて売るということをしていたようだ。『吾仏乃記』には、「本所・深川および山の手などの少年輩《はい》、秋冬毎に多く小鳥を捉《とり》て、価纔《あたいわずか》に売て利ありとする者あり」とある。馬琴はそれを卑しいことと評しているが、少年たちにとって小鳥の捕獲は楽しみながら利益も得られる絶好の遊びだったのかもしれない。

譲られた鳥

鳥を飼い始めるきっかけは人さまざまだが、親や兄弟、友人、知人、あるいは近所に住む鳥好きから最初の鳥を譲られるという事例は多い。馬琴のところも、それは同じだったようだ。馬琴自身もまた、娘夫婦にカナリアを譲っているし、どうしてもと請われて知人にカナリアを渡したこともあった。

こういった鳥の入手方法の利点は、鳥の譲渡と同時に飼い方の指南《しなん》も受けられることにある。籠や餌などの飼育環境や、飼育上の注意点など、ゼロから学ぶ必要がないために、苦労をすることなく飼い鳥を楽しむことができるようになる。

一方、譲る側にもメリットはある。共通の話題が生まれることはもちろん、いざという場合には相手に鳥を預けて面倒を見てもらうことも可能になる。また、鳥が増えすぎてしまった場合など、身内の家に分けて鳥を置いておくことで個人の飼育の手間を減らすこともできる。

このほかリスクの分散という考え方もある。つまり、病気や事故などでどこかの家の鳥が全滅しても、他家で健在であれば、ふたたび鳥を手元に戻すことができるのである。

繁殖を目的に鳥を飼っている場合、よい雛《ひな》、健全な子孫を残すために時々新しい血を入れる必要が生じる。飼っている鳥が同じ親から生まれた子供や孫だけになると、次世代の雛を取るために親子や兄弟・姉妹をつがわせなくてはならず、その結果、血が濃くなりすぎて障害のある鳥が生まれやすくなるからである。それゆえ、そういったことを防ぐ目的で、同じ種類の鳥を飼っている者どうしで鳥を交換することも行われていたようである。

もっとも、馬琴が他家とカナリアの交換をしていた理由としては、学んできた思想や時代的風潮から、鳥とはいえ近親での結婚が繰り返されることに倫理的な抵抗感を感じていた可能性があるということもここに追記しておきたい。

ところでこの時代、仕官先や知り合いの高位の武士から品物を賜ることがあった。まれな事例として、そういった相手から鳥を譲られることもあったようだ。事実、馬琴も知り合いの松前老公から蝦夷鳥《えぞどり》を譲り受けている。

当時、大名や旗本の間では、庶民層とはまた違った形での飼い鳥のブームがあった。珍しい鳥を手に入れては互いに自慢し合ったり、手に入れた鳥の絵をお抱えの絵師に描かせたり、鳥類の図鑑や解説書を作ったりしていたのである。そうして集められた鳥のうち、飽きたり、不要になったり、多く手に入りすぎたものについては、屋敷に出入りしていた者や知人に与えた可能性がある。

江戸時代に飼育されていた鳥は、百をはるかに超える種類に及んでいた。これは、特別な権力があり、財力的にも恵まれていた将軍家や大名、旗本、公卿らの上流階級によって飼われていた、庶民では手にすることができなかったであろう鳥を除いての数字である。これだけでも、いかに飼い鳥という文化が一般に浸透していたかがわかるだろう。

飼われていた鳥の分類

当時、飼われていた鳥については、次のような分類をすることができる。

① 和鳥…国内の野鳥を捕まえてきたもの
② 洋鳥…海外から輸入されたもの
③ 洋鳥のうち、国内で繁殖に成功したもの

日本産の飼い鳥としては、ウグイスやメジロ、ヤマガラ、コマドリなどが挙げられる。海外産の鳥としてすぐに思い浮かぶのは、インコやオウムの類だろうか。ブンチョウやカナリアが江戸時代の日本ですでに繁殖に成功していたことは、世に知られるとおりである。

江戸時代にどんな鳥が飼われていたのか知ることのできるもっともよい資料は、当時の飼育書である。当時の飼育書では、病気や怪我《けが》の対処法、飼い方などの基本的な飼育法が記された後、鳥ごとの飼育方法が掲載されるのが一般的だった。そして、そこに記された

内容は、実際に飼育した経験をもとに書かれることが多かったため、複数の飼育書に「この鳥はこうやって飼育する」と明記されている鳥については、実際に人々に飼われていたと判断することができるのである。

当時の人々に利用された飼育書に、『喚子鳥《よぶこどり》』と『百千鳥《ももちどり》（諸鳥飼様百千鳥《しょちょうしようももちどり》）』という二冊の本がある。発行はそれぞれ、宝永七年（一七一〇）と寛政十一年（一七九九）で約九十年の隔たりがあるが、ともに時代を代表する一冊である。

この二冊に紹介されている鳥をもとに、他の飼育書や鳥に関する記述が見られる本草書《ほんぞう》などの情報を加えて「江戸時代に日本で飼われていた可能性のある和鳥」をピックアップすると、八二・八三ページの表2のようになる。

また、『百千鳥』の巻末には「唐鳥庭籠《にわこ》に入《いれ》て雛を生ずる部」という紹介があり、ここにジュウシマツやブンチョウ、ソウシチョウなどの名前を見つけることができる。この記述をもとに「日本で繁殖に成功した外国産の鳥」をまとめると、八四ページの表3のようになる。日本に持ち込まれた鳥獣の姿が描かれた『唐蘭船持渡鳥獣之図』や『外国産鳥之図』から得られる情報や、当時の図譜類に描かれた鳥の図画およびその解説から得られる情報をもとに、「江戸時代に日本で飼われていた可能性のある輸入鳥」をまとめたものが八五ページの表4である。

輸入された鳥はここであげた以外にもかなりの種類があり、亜種まで入れると最終的にはおそらくこの数倍から数十倍にのぼると見られる。だが、いかに輸入された鳥の種類が多くても、江戸の鳥飼文化の中でそれらはあくまで例外的な存在であり、一般の庶民が飼う鳥のほとんどが国産の野鳥だったことは間違いない。

鳥の種類とその飼育の特徴

次に、まとめた表2〜4をもとに、飼われていた鳥を具体的に確認していくことにしよう。

〔ミズナギドリ目〕　ウミツバメ類は江戸時代の半ばには、すでに「うみつばめ」の名で知られていた。『百千鳥』などに紹介の記述があるが、この鳥が実際に一般に飼育されていたのかどうかはよくわからない。

〔ハト目〕　ハト類は大名から一般庶民まで広く飼育されていた。ことに大名たちの飼育熱は高く、チョウショウバトやオナガバト、カンムリバト、カノコバト、ジュズカケバトなど、珍しい種類の鳩が海外から盛んに輸入され、飼われていた。このうちシラコバトは江戸時代にすでに日本に帰化している。馬琴の家において複数の種類の鳩が飼育されていたことは、前に記したとおりである。

分　　類	備考	分　　類	備考
チゴモズ		アオジ	
アカモズ		クロジ	
オオカラモズ	○	ノジコ	
ミソサザイ科		シマノジコ	
ミソサザイ	○	ホオアカ	
ヒヨドリ科		コホオアカ	
ヒヨドリ		ミヤマホオジロ	
セキレイ科		オオジュリン	
イワミセキレイ		シベリアジュリン	
ハクセキレイ		コジュリン	
キセキレイ		カシラダカ	
セグロセキレイ		カラス科	
タヒバリ		カケス	
ビンズイ		ホシガラス	
ヒバリ科		オナガ	
ヒバリ		アトリ科	
オオヒバリ		アトリ	
イワヒバリ科		カワラヒワ	
イワヒバリ		オオカワラヒワ	
カヤクグリ		マヒワ	
ヤマヒバリ	○	ベニヒワ	
ツバメ科		シメ	
ツバメ	○	ウソ	
エナガ科		アカウソ	
エナガ		イスカ	
シジュウカラ科		イカル	
シジュウカラ		コイカル	
コガラ		ベニマシコ	
ヒガラ		オオマシコ	
ヤマガラ		ハギマシコ	
ゴジュウカラ科		ハタオドリ科	
ゴジュウカラ		スズメ	
メジロ科		ニュウナイスズメ	
メジロ		ムクドリ科	
ホオジロ科		ムクドリ	
ホオジロ		コムクドリ	

注　備考欄の○印は飼育書により飼うのが難しいとされた鳥であることを示す。

表2　江戸時代に日本で飼われていた可能性のある和鳥

分　　類	備考	分　　類	備考
ミズナギドリ目		クロツグミ	
ウミツバメ科		ルリビタキ	
コシジロウミツバメ		コマドリ	
ハト目		シマゴマ	
ハト科		ノゴマ	○
ドバト		コルリ	○
キジバト		ジョウビタキ	
アオバト		アカヒゲ	
キツツキ目		イソヒヨドリ	
キツツキ科		アカハラ	
アカゲラ		ノビタキ	
アオゲラ		マミジロ	
コゲラ		ヒタキ亜科	
アリスイ	○	キビタキ	
キジ目		ムギマキ	
キジ科		オオルリ	
ウズラ		サメビタキ	
カモ目		コサメビタキ	○
カモ科		エゾヒタキ	
オシドリ		ウグイス亜科	
カッコウ目		ウグイス	
カッコウ科		ヤブサメ	
ホトトギス	○	セッカ	○
カッコウ	○	キクイタダキ	○
ツツドリ	○	オオヨシキリ	○
フクロウ目		コヨシキリ	○
フクロウ科		コメボソムシクイ	
コノハズク		メボソムシクイ	
オオコノハズク		センダイムシクイ	
トラフズク		センニュウ類	○
アマツバメ目		カササギヒタキ亜科	
アマツバメ科		サンコウチョウ	○
アマツバメ		レンジャク科	
スズメ目		キレンジャク	
ヒタキ科		ヒレンジャク	
ツグミ亜科		モズ科	
ツグミ		モズ	
トラツグミ		オオモズ	

表3　日本で繁殖に成功した外国産の鳥

分　類	備　考
ハト目	
ハト科	
ギンバト	
キンバト	
チョウショウバト	
シラコバト	
ベニジュズカケバト	
ジュズカケバト？	
スズメ目	
アトリ科	
カナリア	
メジロ科	
チョウセンメジロ	
カエデチョウ科	
ブンチョウ	品種改良でシロブンチョウが誕生
コシジロキンパラ（雲南亜種）	ダンドクとも呼ばれる
コシジロキンパラ（華南亜種）	ジュウシマツとも呼ばれる
ベニスズメ	
チメドリ科	
ソウシチョウ	古くから中国で愛玩されてきた

注　クジャク、ニワトリ、アヒルなどの外国産の大型鳥は省略。

表4　江戸時代に日本で飼われていた可能性のある輸入鳥

- ハト目
  - ハト科
    - クジャクバト
    - ジュズカケバト
    - カノコバト
    - シンジュバト
    - オナガバト
    - ハイイロミカドバト
    - カンムリバト
    - ズアカアオバト
    - キンミノバト
    - カラスバト
- ツル目
  - ミフウズラ科
    - ミフウズラ
- キジ目
  - キジ科
    - ヒメウズラ
    - ヌマウズラ
    - ヤマウズラ
    - ハッカン
    - キンケイ
    - コウライキジ
- オウム目
  - オウム科
    - コバタン
    - キバタン
    - オオバタン
    - タイハクオウム
  - ヒインコ科
    - ヒインコ
    - ズクロインコ
    - ショウジョウインコ
    - ゴシキセイガイインコ
    - ヤクシャインコ
  - インコ科
    - ダルマインコ
    - オオホンセイインコ
    - サトウチョウ
    - ヨウム
    - アカクサインコ
    - オオハナインコ
- スズメ目
  - コウライウグイス科
    - コウライウグイス
  - ヒヨドリ科
    - コウラウン
    - シマヒヨドリ
    - コシジロヒヨドリ
    - クロヒヨドリ
  - ヒバリ科
    - コウテンシ
    - ヒメコウテンシ
    - クビワコウテンシ
    - カンムリヒバリ
  - ホオジロ科
    - シラガホオジロ
  - アトリ科
    - ズアオアトリ
    - キマユカナリア
    - アカマシコ
  - ムクドリ科
    - ハッカチョウ
    - キュウカンチョウ
    - ソデグロムクドリ
    - ギンムクドリ
    - シロガシラムクドリ
    - クビワムクドリ
  - ヒタキ科
    - ツグミ亜科
      - シキチョウ
      - クロウタドリ
    - チメドリ亜科
      - ガビチョウ
      - タイカンチョウ
    - ダルマエナガ亜科
      - ヒゲガラ
      - ダルマエナガ
  - カラス科
    - カササギ
    - サンジャク
    - ヘキサン
    - ルリカケス
  - ヤイロチョウ科
    - ヤイロチョウ
    - ミナミヤイロチョウ
  - カエデチョウ科
    - キンパラ
    - ギンパラ
    - キンカチョウ
    - シマキンパラ
    - セイコウチョウ
    - ヘキチョウ
  - ハタオドリ科
    - コウヨウジャク

〔キツツキ目〕　キツツキ類は飼うことは可能だったものの、木製の籠で飼った場合、嘴《くちばし》で破って逃げ出す事件があとを絶たなかったようだ（『喚子鳥』）。だが、高価な金属製の鳥籠を入手することができた者にとっては、アカゲラ、アオゲラ、コゲラなどのキツツキ類はよい自慢になったことだろう。なお、アリスイは長生きさせるのがかなり難しかったという（『百千鳥』）。

〔カモ目〕　大名屋敷などの池や堀でオシドリが飼われることがあったようだ。馬琴の家にもオシドリがいたことから、裕福な商家の庭の池などでも飼われていた可能性がある。なお、シロオシドリは江戸時代に日本で品種改良された鳥だと言われている。

〔カッコウ目〕　カッコウ科のホトトギスやカッコウ、ツツドリは人に馴れにくいうえに寒さにも弱く、落鳥しやすかったが、人気は高く、飼いたいと願う者は多かった。

〔フクロウ目〕　フクロウ、ミミズク類には独特の魅力があり、現代でも密かな人気を呼んでいる鳥である。これらの鳥は、雛から育てるとよく懐《なつ》くという。

〔アマツバメ目〕　アマツバメは飼育書に名前は登場するものの、飼育していた人がいたかどうかは不明である。

〔ツル目〕　タンチョウヅルは当時すでに飼育下での繁殖に成功していたが、ツル類の飼育は庶民には許されないものであった。庶民が飼育できた可能性があるのは、海外産のウズラとともに輸入されたミフウズラだけである（ミフウズラはツル目の鳥）。

〔キジ目〕　ウズラは大名から下級武士、町民、農民に至るまで広く愛玩されていた。財力のある者は海外から輸入されたウズラを入手し、その姿を堪能《たんのう》することもあったようである。

〔オウム目〕　インコ、オウム類は非常に多くの種が輸入されていたが、庶民が目にすることができた鳥はあまり多くはなかったと推察される。ただし、かなりの数が輸入されていたサトウチョウに限っては、江戸の市中でも比較的簡単に入手ができた可能性もある。

〔スズメ目〕　鳥の中でもっとも多く飼育されていたのが、種類も数も多いスズメ目の鳥である。飼育されてきた歴史も長く、飼いやすい鳥、飼いにくい鳥がはっきりしていたこともそれを助長したようである。飼育の容易な鳥としては、ウグイス、コマドリ、ヒバリ、メジロ、ヤマガラ、シジュウカラなどが挙げられる。このほかヒヨドリやカケス、オナガは雛から育てればよく人に馴れる鳥として知られていた。

①　ヒタキ科　ウグイス、コマドリ、ツグミ、クロツグミ、オオルリ、イソヒヨドリなどが好んで飼われていたが、なかでもクロツグミは特に美声とされた。ウグイス、オ

オルリ、コマドリが「日本三名鳥」と呼ばれたのは、当時も今も同じである。ヒタキ科の中には寒さに弱かったり、人馴れしないなど飼育に不向きな鳥も多いが、そういった鳥を長生きさせ、人馴れさせて他者に自慢するといった文化もあった。

なお、輸入された海外産のヒタキ科の鳥としては、シキチョウ、ガビチョウなどの名を挙げることができる。

② レンジャク科　キレンジャク、ヒレンジャクとも、慣れた者なら容易に飼育ができたようである。

③ モズ科　徳川家康が幼少時にモズを鷹狩のタカの代わりに使ったという逸話が残されている。モズを飼育したのは、猛禽《もうきん》類の飼育に憧れを持つ者だったのではないだろうか。

④ ミソサザイ科　ミソサザイの飼育は可能だが、羽の抜け変わりの時期（トヤ時）に落鳥するケースが多かったという。

⑤ ヒヨドリ科　ヒヨドリは古来より日本人に愛玩されてきた鳥の一つだった。江戸時代になると、コウラウンなど海外産のヒヨドリ科の鳥も一部で飼育されていたようである。

⑥ セキレイ科　セキレイは江戸城でも飼育されていた記録が残っている。ハクセキレイ、キセキレイ、セグロセキレイは雛から育てるとよく馴れるという（『喚子鳥』）。

⑦ ヒバリ科　よく馴れたヒバリは、飼育している籠から空高く飛び立ったのち、ふたたび舞い降りてきてみずから籠に戻るという。江戸時代には、中国で長く愛されてきたコウテンシやヒメコウテンシも輸入され、飼育されていた。

⑧ イワヒバリ科　ヒバリに比べて飼いにくい鳥だったようだ。

⑨ ツバメ科　ツバメは声は良いが飼いにくい鳥（『喚子鳥』）。

⑩ エナガ科　エナガは囀る声が美しく、愛される鳥だった。

⑪ シジュウカラ科　芸をする鳥としてヤマガラは江戸時代以前からよく知られていた。ヤマガラは日本には八亜種が分布しているが、このうち三宅島、八丈島、御蔵《みくら》島に分布しているオーストンヤマガラは本土で通常見られるヤマガラとは別種の鳥として認識されることが多かった。飼育書などにある「アイゼンガラ」という名の鳥のほとんどが、伊豆諸島産のオーストンヤマガラだったと考えられている。

シジュウカラ科の鳥は籠の中のしぐさも愛らしいものだったため、そのどれもが江戸時代の人々に好まれたようだ。なかでも、ヒガラの声がもっともよいとされたという。

⑫　ゴジュウカラ科　シジュウカラ科の鳥とともに愛されていた。

⑬　メジロ科　古くから飼育されてきた鳥の一つ。日本産のメジロよりひとまわり小さいチョウセンメジロも輸入され、繁殖が試みられていた。

⑭　ホオジロ科　囀りが美しいホオジロ科のホオジロやアオジ、ミヤマホオジロは当時、多くの人に好んで飼育されていた。『本朝食鑑』はミヤマホオジロを最も愛すべきものとしている。

⑮　アトリ科　カワラヒワ、マヒワといったヒワ類は永享《えいきょう》年間（一四二九―四一）には、すでに飼育されていた記録がある。ウソも同様である。イカルはさらに古く、『明月記』に飼育の記録が残っている（安貞元年〈一二二七〉）。アトリ科の鳥としては、このほかベニマシコやハギマシコなどのマシコ類も、囀る声が人々に好まれていたようだ（『本朝食鑑』）。

⑯　ハタオドリ科　スズメやニュウナイスズメが古来より愛玩されてきた。特に、色変わりの白スズメは瑞祥《ずいしょう》として珍重された。

⑰　ムクドリ科　日本産のムクドリやコムクドリが飼育されていたほか、中国から輸入されたハッカチョウは絵画のモデルとして画人に好まれた。人の言葉を真似るキュウ

カンチョウも日本に持ち込まれていたことがわかっている。

⑱　カラス科　カケスやオナガは雛から育てるとよく馴れる鳥として知られていた。奄美大島からルリカケスが本土に持ち込まれたこともあったようである。

⑲　コウライウグイス科　中国や朝鮮でウグイスと言えばコウライウグイス科のコウライウグイスを指す。その羽毛の色から、日本では古くから黄鳥として知られていた。

⑳　カエデチョウ科　本来、日本にはいない科であるが、カエデチョウ科の鳥は日本人の好みに合ったようで、現在に至るまで相当数が飼われている。稗《ひえ》や粟《あわ》などの種子類で飼う鳥の飼育技術は江戸時代に輸入されたブンチョウやヘキチョウ、ベニスズメ、キンパラなどによって培われたものである。なお現在、沖縄に分布しているコシジロキンパラは、江戸時代に貿易の中継地だった琉球（沖縄）で籠脱《かごぬ》けした鳥が野生化したものである可能性が指摘されている。

㉑　チメドリ科　中国でよく飼われているソウシチョウはチメドリ科の鳥である。雄、雌を別々の籠に分け、二つの籠を離れた場所に置くと互いに呼び交わすところからソウシチョウ（想思鳥）の名が付けられた。

小鳥の飼育文化

飼い鳥文化はどのように浸透していったか

江戸の飼い鳥文化は、一日にして開花したわけではない。その成立には、五百年以上もの時間の積み重ねがあった。以前から培われてきた土壌がまさに熟成を迎えようとした時、そこに立ち会ったのが江戸の人々だったのである。

鳥を籠に入れて身近に置くという行為が少しずつ一般化しはじめたのは、平安時代のこと。だが、それは一部貴族だけの楽しみにすぎなかった。こういった趣味に時間や資金を投入できるのは、生活のために労働をする必要のない貴族に限られていたからである。当時、遊びや芸術など、あらゆる意味で文化の頂点にいたのが貴族だった。

平安時代
794年〜1192年

- 飼い鳥は貴族の趣味
- 朝鮮や中国から珍しい鳥獣が贈られることがあった（クジャク、オウムほか）

⇩

鎌倉時代
1192年〜1333年

- 飼い鳥文化が上級の武士にも広がる

⇩

室町時代（南北朝時代）
1338年〜1573年

- 海外から持ち込まれる鳥獣が増える
- 飼い鳥文化が武士の間に浸透する

⇩

安土・桃山時代
1573年〜1600年

- 鷹狩が武将の間で流行る

⇩ 1592年〜1639年

- 東南アジア各国との交流が行われる（各国から鳥獣が贈られることもあった）
- 海外で珍しい鳥獣を目にする日本人が増える（各地に日本人町ができる）

江戸時代
1603年〜1867年

- 飼い鳥文化が庶民レベルへ拡散する
- 輸入される鳥の種類や数が拡大する
- 鳥の飼育書が多数発刊される
- 大名の間で図鑑類が盛んに作られる

図10　飼い鳥文化の流れ

鎌倉時代になって日本の権力の中心が武士へと移っていくにつれ、文化の担い手として の武士の比重が少しずつ重くなっていったが、依然として最大の核は天皇を中心とした貴族にあった。だが、文化の二極化が進行していく中、貴族の間でのみ行われていたことが少しずつ武士の間にも浸透していくことになる。飼い鳥の文化も、そうして武士のものとなっていった。

また、平安時代中期まで天皇を中心に行われていた鷹狩が、平安時代後期から鎌倉時代にかけて一般の貴族や武士の間でも行われるようになったことは、のちの飼い鳥文化に大きな影響を与えることになった。タカの餌となる小鳥の捕獲の必要性が高まり、それを生業にする者が登場するきっかけが生まれたからである。

室町時代になると、飼い鳥の文化はより広く武士の間に浸透していく。室町時代末期にはウズラの籠飼《かごか》いが始まっていて、これが江戸時代初期のウズラブームの引金となったことがわかっている。

この時代、一部の土地、例えば文化の中心地であった京都周辺においては、庶民の間にも鳥飼が広がっていた可能性がある。室町時代の職人が描かれた『三十二番職人歌合絵巻』（明応《めいおう》三年〈一四九四〉ころ成立）の中に「鶯飼《うぐいすかい》・鳥刺《とりさし》」や「菜売《なうり》・鳥売《とりうり》と勧進聖《かんじんひじり》」

といった絵があることから、すでにこの時代には一般の庶民層の中に鳥を売る者や、鷹の餌となる小鳥を取る専門業者がいたことがわかるからだ。彼らの商売の相手が武士や貴族だったことは確かだが、裕福な庶民に対して鳥を売ることがまったくなかったと断言することはできないのである。

図11　鳥刺（『三十二番職人歌合絵巻』より）

　ところで室町時代には、もう一つ特筆すべきことがある。それは明《みん》との間で正式に国交が結ばれたことだ。中国との正式な国交は遣唐使の時代以降で初めてのことである。

　室町時代において水墨画や花鳥画が飛躍的な発展を見せたが、それには足利義満《あしかがよしみつ》が積極的に対明貿易を推進したこと、中国の文化の吸収に貪欲《どんよく》だったことが大きく影響している。対明貿易は勘合《かんごう》貿易という形で統制されたため、かつて元と日本との間で行われた貿易に比べて規模的に小さくはなったが、義満以降の歴代将軍が強く中国趣味、貴族趣味に傾いていたこともあって、中国文化の日本への流入および定着は、この時代において非常に大きかったようである。

続く安土《あづち》・桃山《ももやま》時代において、豊臣秀吉が朱印状《しゆいんじよう》の発行を行なったことにより、それまで細いパイプしかなかった東南アジア各国と、そこに拠点を持つヨーロッパ人との交易が本格化する。その結果、南方へと渡る日本人が増え、各地に日本人町が形成されるに至る。徳川幕府の成立後、家康が朱印船貿易を制度化すると、アジア各地との交易はますます盛んになり、南方の土地の文化や動植物の情報がもたらされると同時に、帰国した日本人の土産や各国国王からの贈り物として、日本にいなかった鳥や獣が多数運ばれることとなった。

また、キリスト教の布教や貿易の拡大を目的に日本にやってきたヨーロッパ船には、長旅の慰めのためにインコやカナリアなどが積まれており、そんなポルトガル人やオランダ人の船員から、アジアのそれとは趣を異にするヨーロッパの飼い鳥文化が伝えられたことも、日本の飼い鳥文化にとって大きな意味があった。彼らからは、欧米だけでなくアフリカや中南米など、アジア以外の地域の動植物の情報が得られたことも有益であった。

こうした流れの中で、中国から伝えられた鳥の飼育方法に日本人が経験から得た知識、ヨーロッパから伝えられた知識を加えて、現在の日本の鳥の飼育文化の基礎ができあがることになる。そして、鳥を飼うということが一般庶民のレベルにまで拡散した江戸時代において、飼い鳥文化は大輪《たいりん》の花を咲かせることとなったのである。

江戸時代において人々は、声や姿の美しさを楽しんだり雛を手乗りに育てただけでなく、かつての殿上人《てんじょうびと》のように鳥の鳴合《なきあわせ》を行なったり、羽色の美しさを競ったりした。また、より美しい羽色の鳥を作り出すべく試行錯誤を繰り返した者もいた。それどころか、異なる鳥どうしをつがわせて自然界には本来存在しない鳥を作り出そうとした者までいたのである。

一方、一部の大名の間では、珍しい鳥や動物を飼うことがある種のステータスになっていた。彼らが求めたのが、日本にはいない海外の鳥や色変わりの和鳥であった。そして彼らは、お抱えの絵師にその姿を描かせた。中にはみずから絵筆を持って画紙に向き合った大名もいた。そうして描かれた鳥の絵や得られた鳥は、入手した証拠として、あるいは自慢のタネとして同じ趣味を持つ大名へ譲られることも多かったという。

江戸時代後期にかけては、大名や旗本の間で本草学《ほんぞうがく》の研究熱が高まり、その成果・結実として鳥、動物、昆虫、魚介類、植物などを緻密《ちみつ》に描いた図鑑や解説書を作ることが流行したが、その基礎の一つはこうして作られたのである。

飼い鳥文化を支えたもの

飼い鳥文化の大きな流れはこれまでに述べたとおりである。だが、それだけではこの文化を十分に理解することはかなわない。なぜなら、文化を側面から支えた要因がほかに複数存在していると思われるからである。

江戸時代の飼い鳥文化を側面から支えたものとして、まず挙げられるのが「平和」である。由井正雪《ゆいしょうせつ》による幕府転覆未遂事件（慶安《けいあん》事件）や島原《しまばら》の乱などいくつかの事件はあったものの、開幕のころと幕末を除いた二百年間はおおむね平穏な時代だった。戦国の世が終わったことで、住む家、食事、自分や家族の命など、大切なものを失う心配が大幅に減り、落ち着いた暮らしができるようになったのである。ときおり火事や地震、火山の噴火などはあったが、それらも時代を包む平安感を吹き飛ばすようなものではなかった。

こうして二百年もの平和な時間を過ごすことができた人々は、安定した生活の中で、さまざまな庶民文化を開花させていった。相撲《すもう》、歌舞伎、芝居、見世物が大きく発展したのもこの時代である。桜や梅などの春の花見、夏の花火といった季節ごとの楽しみに加え、名所巡りや巡礼など、旅を楽しむこともよく行われるようになった。

明日も今日と同じような日となり、来年も今年とそう変わらない年になる。そんな時代の安心感が、娯楽を楽しむ気持ちや趣味を持つ気持ちのゆとりを生む。そして、動物を愛玩する余裕を生み、一部の人間においては珍しい鳥の入手、蒐集《しゅうしゅう》に向かわせたりもしたのである。

また、この時代において個人の持つ趣味の幅が広がったのは、安定した生活が所得の面でも多少の余裕を生んだことが大きく影響をしていたようだ。大金持ちになることは困難だとしても、懐《ふところ》にちょっとした小遣いをためこむことができるようになったことが、ある意味、人々の生活を変えていったといえるのである。

だが、平和を喜び、それを享受している者の中にも、平和な時代であるがゆえの閉塞《へいそく》感や息苦しさ、辛さを感じていた者がいた。

例えば、城や主君の屋敷での職務に常に緊張を強いられる武士。戦のない時代の出世競争に勝つために、上司や同僚との関係維持を含めて、さまざまな努力が必要だった者がいる。そして、競争社会の中で商売を成功させるために日々、骨身を削って働かなければならなかった商人たち。また、長い労働時間を維持することでなんとか生活を支えていた職人もいただろう。武士にせよ、商人にせよ、他の職業に就いている者にせよ、さまざまなストレスに常時さらされていた人間は、われわれが想像する以上に多かったに違いない。そういった者の中に、酒を飲み、遊び歩くことでストレスを解消しようとした人間がいたのは確かである。好きな芝居や歌舞伎を見たり、自然に触れたり、自分の趣味に没頭することで辛さを忘れようとした者もいたことだろう。また、その中には鳥や動物との触れ合いに安らぎを感じていた者もいたに違いない。

鳥の声や姿に安らぎを感じたことについては、滝沢馬琴《たきざわばきん》がまさにそうだった。好きな仕事であっても、日々机に向かい続けなくてはならない仕事はやはりストレスを生むものだったらしい。仕事に追われて精神的に疲れてくると、家族に八つ当たりもしたとみずから家記に書き残している。

馬琴は、家にこもって仕事をし続けなくてはならないことからくる苛立ちの解消を鳥に求めた。その試みは見事に成功し、籠の中で囀《さえず》り、羽ばたき、羽繕いをする鳥は、その声と姿で彼に安らぎを与えることとなったのである。

しかし、馬琴の心にあったのは安らぎを得たいという気持ちだけではなかった。あれも欲しい、これも欲しいという物欲や所有欲、鳥の飼育について詳しい知識を身に付けたいという知識欲もまた、その内に持ちあわせていた。こうした気持ちが絡み合った結果、百羽を超える鳥を飼うという、とんでもない事態を招いたわけである。

だが、それも馬琴にとっては必要なことだったのかもしれない。家族の誰もが快く思っていなかったとしても、そんな状況に身を置く必要があることを戯作者《げさくしゃ》としての馬琴は半ば無意識の内に悟っていたような気もしている。なぜなら、たくさんの鳥たちに囲まれた日常とはかけはなれた空間の中で、彼はその代表作であり、書き上げるのに二十八年もの歳月を要した『南総里見八犬伝《なんそうさとみはっけんでん》』の構想をまとめあげ、第一巻の執筆にとりかかることになるのだ。鳥を飼ったことが『八犬伝』に及ぼしたであろう影響についての記述は家記にはない。だが、鳥に囲まれた一年と数ヵ月、その安楽効果と、世界から遮断されたような特異な空間が、彼の創作における力となり、彼の天才を引き上げる効力を発揮したように思えてならないのである。

こうした馬琴の内面の動きは、彼の人間特性を理解するよい資料となるのはもちろんだが、同時にこの時代の人々の鳥を飼い始めるきっかけや、鳥の飼育にのめりこんでいく心理を教えてくれる貴重な資料となる。安らぎや癒しを得たいと思う心。自己満足。変わったもの、美しいものを他人に自慢したいという衝動。そういった気持ちが江戸の人々を鳥飼いへと誘ったことが理解できるからである。

さて、こうした状況に加えて、さらに大きな役割を果たしたものがある。それは、近代社会においてもさまざまな場面で重要視されているもの、すなわち「情報」である。鳥の飼育をするために必要な情報が、常に鳥に関心を持つ人々の間近にあったことが、文化の発展に大きく関与していたと考えられるのである。

江戸時代は印刷技術の発達によって、本が大量に出版された時代だった。随筆、小説、風聞《ふうぶん》集など、さまざまなものが出版されたが、その中に動物の飼育書もあり、それらが市中に流通していた。必要な事柄が的確にまとめられた鳥の飼育書が、愛鳥家の飼養の手引きとなったのである。また、鳥を販売する立場の鳥屋も、単に鳥を売るだけにとどまらず、必要に応じてさまざまな相談を受け付けていたことがわかっている。鳥の飼育に関して困ったことや知りたいことが生じた時、人々は鳥屋を訪れていたのだ。

鳥屋と鳥の飼育書。そのどちらが欠けても、飼い鳥文化の隆盛はありえなかったと考えられるのである。

鳥屋はアドバイザーでもあった

馬琴の時代、江戸の市中だけで四十軒から六十軒の鳥屋があった。これだけ店があると、いかに飼い鳥人気が高かったとしても、店を構えてただ客を待っていただけでは客足が伸びず、経営が立ちゆかなくなるのは必至だっただろう。

競争原理が働く中で鳥屋が商売上の成功をおさめるためには、鳥に関する的確な情報を持っていることが不可欠だった。餌の与え方や日々の世話といった基本的な情報はもちろん、病気や怪我《けが》の対処法など、鳥に関する専門知識をきちんと有している必要があった。

そうした知識を持っていることで、初心者が鳥を求めてやってきた場合でも、その者の好みに合い、かつ世話のしやすい鳥を選ぶことができ、鳥を飼育していく上で必要な情報を伝えることができた。また、より困難な鳥の飼育に挑戦したいと考える飼育家に対しても、的確な指示や助言を与えることが可能だったのである。

鳥屋には、当然、病気や怪我の相談も多かったはずだ。犬の医者や馬の医者はいても鳥の専門医など存在しない時代、鳥屋の主人やそこで働く者たちには、鳥医者の役割も求められたことは間違いない。また、鳥に関する十分な知識があることで、商品である鳥を常によい状態に保つこともできたと考えられる。

そんな鳥屋には、専門家と認められているがゆえに、自分の店で売った鳥に限らず、鳥に関するさまざまな相談が寄せられていたようである。その一端を馬琴の日記の中に見つけることができる。例えば、文政《ぶんせい》十二年（一八二九）五月十一日の日記に次のような記述がある。

うへ木や金次、おく庭東の方、山梔子《くちなし》の枝に鶯《うぐいす》の巣これ有、卵五ツこれ有候。（中略）右之卵あまり赤く候間《あいだ》、広小路鳥やにて聞《きか》せ候ところ、鶯に相違無《そういなし》のよし、これ申す。

前後の文章も含めて簡単にまとめると、「奥庭の東の方に植えてあったくちなしの枝に鳥が巣をかけ卵を産んでいた。鶯のものだと思ったが確信がなかったので、用事のついでに人を広小路の鳥屋にやって聞かせたなら、『それは鶯に間違いないでしょう』という返事をもらった」となる。

このようなちょっとした相談事にも鳥屋は応じていたのである。おそらくはこういったことも、今でいうところの「サービスの一環」だったのだろう。また、こうした細かい相談に乗ることで、新たな知識や利益につながる情報が入手できる可能性もあったことから、それは結局のところ店の利益にかなうことと考える鳥屋も多かったのかもしれない。

鳥屋・鳥飼の知識の源

では、鳥屋はそういった知識をどうやって身に付けたのだろうか。

鳥に関する基本的な知識については、代々続いている鳥屋の場合、親から強制的に仕込まれたり、家業を手伝っているうちに自然と身に付いていったと考えることができる。店の管理を任されていた店員が店を継いだ場合や、暖簾《のれん》分けをしてもらって新たに鳥屋を開いた場合も同様である。いずれにしても若いころや下働きしていた期間に、必要な知識をたたき込まれたのだろう。

だが、この時代に飼われていた鳥は前節で示したようにかなりの種類にのぼる。すべての鳥の飼育条件を頭に入れておくのはかなり難しいものであっただろうし、それに加えてあらゆる病気の対処法を知識として持つということは事実上不可能に近かっただろう。また、鳥の飼育に関して、みずからの経験だけでは解決できない問題もあったに違いない。

そんな時、頼りにされたのが鳥の飼育書だったことは想像にかたくない。当時、数種類の飼育書や解説書が市中に出回っていたと思われるが、鳥屋はおそらく商売上の必需品として、手に入る限りのものを入手していたのだろう。また、そういったものに加えて、店で培われた情報や技術をまとめた独自の飼育書・解説書が「秘伝」として大切に保管されていた可能性も高い。なぜなら、市販されていた飼育書の一部は、もともとは鳥屋かそれに類する個人が保管していた秘伝が開放されたものだったと考えられるからである。

実用的であるとされた飼育書は幾度も版が重ねられ、相当数が市下に流れていたことがわかっている。なかでも、寛政《かんせい》十一年（一七九九）に発行された泉花堂三蝶《せんかどうさんちょう》の『百千鳥《ももちどり》（諸鳥飼様百千鳥）』は鳥飼の間でよく読まれた本で、馬琴もまた当然のように所有していた。滝沢家の家記である『吾仏乃記《あがほとけのき》』には、『百千鳥』を熟読したおかげで鳥を飼う技術がしっかり身についたという記述も残されている。

『百千鳥』は、「目の病の事」「餌離《えさばな》れの事」「糞詰《ふんづま》りの事」など、飼い鳥に起こりがちな病気の処置法や基本的な飼育方法が細かく解説された本だった。次章に掲載したこの本の目次を見ても、手元に置いておくと安心できる一冊だったことがわかるだろう。それゆえか、この本から得た知識を有している者が、鳥飼の初心者に対して助言を行うこともあったようである。

例えば、文政十年二月十八日の馬琴の日記には、前日の夕刻、糞が出なくなったカナリアを見せにきた橋本彦兵衛に対し、馬琴が対処薬として牡蠣殻《かきがら》の粉末を与えたとある。後日、もう少し牡蠣殻を分けてほしいとやってきた橋本彦兵衛に、馬琴はさらに一包み粉末を分け与えている。

『百千鳥』では、「糞づまり」について次のような説明がなされている。

糞詰《ふんづま》りの事……糞詰りて尻尾《しっぽ》を上げて振るものなり、是には蠣（かきがら）の腐たるを能粉《のこ》にして、水にほだて呑《のま》すべし、是《これ》をボレイといふなり、薬種屋《やくしゅや》にもあるなり、それにても通ぜざれば、かた紅をときて用ゆべし、尤《もっとも》摺餌《すりえ》の上へもぬるべし、腹中の熱気にてつまるがゆへなり

つまり馬琴がしたことは、『百千鳥』の指示に従ったものだったのである。

江戸の人々が飼い鳥に見いだした楽しみ

ところで江戸時代の人々は鳥とどんなふうに関わり、どんな時間を過ごしていたのだろうか。

鳥を飼う楽しみ

この時代、最もよく行われていたのが、声や姿の美しさを愛《め》でるという昔ながらの楽しみ方だった。その延長にあったのが、鳴き声や姿の美しさを競う「小鳥合《ことりあわせ》」である。こうした小鳥の品評会や鳴合大会には、小鳥を飼っていない人たちも集まって大きな賑わいをみせたという。

声や姿が愛でられた鳥の中で、名鳥とされたのが、ウグイス、コマドリ、オオルリの三鳥である。日本三名鳥（三鳴鳥）と呼ばれたこれらの鳥は、籠の中の仕草でも人々を楽しませてくれる鳥だった。

このほか、声を楽しむ目的で飼育されていた鳥としては、ミヤマホオジロ、クロツグミ、ホオジロ、シジュウカラ、ウソ、メジロ、ヒバリ、エナガ、アオジ、ベニマシコ、オオマシコ、ウズラなどを挙げることができる。姿という点では、見目の優美なヒレンジャクやキレンジャクも人々に好まれていたようである。また、もともとは海外産の鳥でありながら、滝沢馬琴の時代にはすでに珍しい鳥ではなくなっていたカナリアも、姿や声を愛された鳥の一つだった。

これらの鳥は適切な飼育方法さえ知っていれば、さほど飼養が難しい鳥ではなかった。適切な指導を受ければ、初心者でも十分飼養が可能な鳥だった。だが、そんな飼育のしやすい鳥に物足りなさを感じていた人間もいた。飼養が困難とされる鳥にあえて挑み、健康な状態を保ったまま長生きさせることに精力を燃やした人々がいたのである。

そんな人々がまず挑戦したのがホトトギスだった。

昔から歌にも詠《よ》まれ、人々に愛されたホトトギスだが、実はなかなか人馴れしにくい鳥で、寒さにも弱く、冬を越すのが難しい鳥でもあった。そしてさらに難しいとされたのがカッコウで、ホトトギスよりさらに温度管理に気を使わなくてはならない鳥だった。馬琴は両方の鳥を飼っていたが、ホトトギスはなんとか冬越えをさせることに成功したものの、カッコウは寒くなり始めた十月には死んでしまったと、『吾仏乃記《あがほとけのき》』の中で述べている。

このほか、コルリ、ノゴマ、キクイタダキ、サンコウチョウ、ミソサザイ、オオヨシキリ、コヨシキリ、ヤマヒバリなどが飼いにくい鳥とされた。これらの中には寒さや暑さに弱いだけでなく、ストレスにも極端に弱く、籠に閉じ込められただけで餌《えさ》をまったく食べなくなり、弱ってしまう鳥もいた。このうち、キクイタダキ、サンコウチョウ、オオヨシキリ、コヨシキリについては馬琴も飼育を試みたが、どうしても長生きさせることができなかったという。

一部の鳥飼にとって、こうした飼育が困難な鳥を飼い続けることは、鳥合などと同じで、ある種の競技という認識だったのかもしれない。あるいは、鳥を長生きさせることができなかったことが悔しくて、次こそはと同じ鳥を飼い続けた人間もいたかもしれない。現代の鳥飼の意識からみると、どちらも十分にありそうに思える。

手乗り鳥

さて、こういったことのほかに、前の二例と同じか、それ以上にこの時代の鳥飼を楽しませたことがあった。それは雛《ひな》や若鳥から育てて人馴れさせるということ、すなわち手乗り鳥の楽しみである。

平安時代から人々に飼育されてきたヒヨドリやスズメは、見目や鳴き声はさほどよい鳥とは言えないが、雛から飼うと実によく馴れる鳥である。繁殖期で気が立っている時以外は、人間に対して友好的に振る舞ってくれる鳥であることに加え、人間を個体識別する能力も有している。彼らは、家の中で一番好きな人間と、あまり好きではない人間をはっきりと区別することができるのである。

今でもそうであるように、江戸の人たちが道端でスズメなどの巣立ったばかりの若鳥を保護したことはおそらくあっただろう。そうした場合、拾ってしまった以上、何もせずに殺してしまうのも可哀相と餌を与え、数日を暮らしてみることになる。知識の不足や不注意からその多くは死んでしまったかもしれないが、餌を受け付け、生き残ったものは、拾ってくれた人間に少しずつ懐《なつ》いていったことだろう。それに対し人間は、みずからを頼りにしてくる小さな生き物には自然と情もわき、可愛いやつと思うようになる。すると、ますます鳥は人に懐き、その家を自分のナワバリとして、逃げることなくそこに留まるようになる。このようにして、はからずも鳥飼になってしまった人たちが、江戸時代においても相当数いたに違いない。

その一方で、それなりに財産があり、また運にも恵まれた者は、物まね鳥であるインコや九官鳥《きゅうかんちょう》を手に入れることもできただろう。ダルマインコやサトウチョウなどのアジア産のインコは、毎年そこそこの数が日本へと運ばれてきていた。そうした鳥の多くは大名や旗本に買い取られたが、入荷数が多かったものについては鳥屋を経て庶民層にも流れていた可能性がある。

また、馬琴が蝦夷鳥を松前老公からもらったように、つきあいのある大名や旗本から物まね鳥を譲られた者がいたかもしれない。そうした幸運な者たちは、鳥を手や肩の上に乗せ、言葉を覚えさせて楽しんだことだろう。

このほか和鳥では、キセキレイ、ハクセキレイ、セグロセキレイといったセキレイ類やマヒワ、コマドリ、オオルリなどが、雛から育てると容易に人に馴れる鳥として知られていた。江戸時代以前から芸をする鳥として認識されていたヤマガラもまた人に馴れやすく、飼育者は多かったようだ。このほか、個体によっては人の言葉を真似することもできたカケスやオナガなどのカラス科の鳥を飼っていた者もいたようである。

手乗り文鳥はいつからはじまったか

手乗り鳥のことを記したついでに、手乗りの文鳥《ぶんちょう》のことにも少し触れておきたい。

現代における手乗り鳥の代表はブンチョウやセキセイインコ、オカメインコなどだが、このうち江戸時代の日本にもかなりの数がいて、すでに繁殖にも成功していたのがブンチョウである。

江戸時代末期には産業としてのブンチョウの生産も始まっていたことがわかっているが、だとすると、生じてくるのが「手乗り文鳥」は当時もういたのかという疑問である。

結論から先に言うと、ブンチョウが国内で繁殖に成功した瞬間から手乗り文鳥はいたと考えることができそうである。なぜなら『喚子鳥《よぶこどり》』の挿絵（一三七ページ鳥籠③）にも見られるように、鳥の雛に対する刺し餌は江戸時代においてふつうに行われており、また一九九ページの『珍翫鼠育草《ちんがんそだてぐさ》』挿絵のように小型のペットを掌《てのひら》の上に乗せて遊ぶということも当時すでに行われていたからである。

人の手で餌を与えられて育てられたブンチョウは、単独飼いをしていれば大人になっても人の手を畏《おそ》れず、手の上で寛《くつろ》ぎ、手の指に止まったまま眠り込んだりする手乗り鳥となる。それゆえ、この時代にすでに手乗り文鳥がいたと考えるのが自然だと思われるのである。

では、「手乗り文鳥」という呼び方はどうだろうか。

手乗り文鳥という言葉がいつから使われるようになったのか定かではないが、江戸時代に起源を持つ可能性は高いと思われる。

この呼び名について、興味深い記述があるので紹介しておきたい。記述を遺したのは、夏目漱石の門下にあって、鳥を愛した作家として知られている内田《うちだ》百閒《ひゃっけん》である。百閒は作品『漱石山房の夜の文鳥』の中で、ブンチョウの雛の中に特に人馴れしやすいものがいることに触れ、次のように書き記している。

（前略）文鳥は名古屋が特に盛んで、一時に沢山孵化《ふか》さして東京やその他へ売り出すのである。その中にすぐ馴れて手に乗る雛がゐるわけで、さう云ふのを「手乗り文鳥」と呼んだ。駒鳥に「手振り駒《こま》」と云ふのがあつて、籠の前で手を振るとそれに応えて鳴くと云ふので昔からの名称である。それに真似て手乗り文鳥と云ふ様な事を云ひ出したのだらうと思ふ。

コマドリは、ブンチョウなどの外国産の鳥が日本に大量に入って来る以前からよく飼われていた鳥である。百閒が記した「手振り駒」に関する記述は、先に紹介した『百千鳥』の中にも見つけることができる。その記述は次のとおりだ。

（前略）春駒、秋駒とて三月末十月ごろ出る、山々にて猟師昼網《ひるてん》をはりてとるなり、雌をば網よりはづし、のこらずはなす事あり、是は年々子のたへざるためなり、子がいにしてさし餌をくわする時より、手をひらきてまねきながらそだつれば、よく手につき、尾をひらきてかぶり鳴くものなり、いわゆる是《これ》を手振り駒といふ也《なり》

つまり、ブンチョウと同様に、雛のころから刺し餌をして育てたコマドリはよく馴れて、手を振れば応えて鳴くようになるということである。

こよなく鳥を愛した内田百閒は、生まれる以前の鳥飼い事情についても、いろいろ調べていたのだろう。江戸時代から知られていた「手振り駒」のことを知った上で、手乗り文鳥の起源に思いを巡らせたことがよく理解できる。こういったことからも、やはり手乗り文鳥の起源は江戸時代にあると思えるのである。

手乗り鳥を飼っている際におこりがちな事故

よく馴れた鳥は人を親とも仲間とも思い、飼い主や他の同居人のまわりを恐れることなく飛び回る。翼があるのに飛ばずに、立って歩く人間の足元をちょこちょこついて歩く鳥も多い。自分を人間と思い込み、人が食べるものを何でも食べようとする鳥もいる。

そんな人馴れしている鳥であるが故に起きる事故もある。閉めようとしたドアに挟まれたり、足元にいた鳥に気付かずに踏みつけてしまったり、腰をおろした下に鳥がいたりするなど、手乗りの鳥の事故は後を絶たない。また、本来なら口にすることのない人間の食べ物を食べさせて具合を悪くさせてしまうことも多い。現代において、獣医のもとに運ばれる飼い鳥の怪我や病気の多くはこういった事故で、その件数は犬や猫、カラスなどに襲われる事件の何十倍にも及んでいる。

しかし、それは現代に特有のことではなかったようだ。この類の事故が、手乗りの文化が広がった江戸時代にはすでに起きていたことを当時の文献から知ることができる。例えば、享和《きようわ》元年（一八〇一）に出版された伴蒿蹊《ばんこうけい》の随筆『閑田耕筆《かんでんこうひつ》』巻之三には次のような記述がある。

雀の子飼は、よく人に馴るものにて、放飼《はなしがい》にするに安《やす》し。或《あるい》は人の肩に登り、懐にも入り、又庭の樹木にも遊ぶ。苦しげも見えず、よきものなれど、あまりに馴て人の足もとにまとひ、あやまちて踏殺すことのあるがかなしと、人いひき。此《この》飼雀に、ふと酒糟《さけのかす》を喰《くわ》せたれば、頓《やが》て死たりとか。さらば雀には限らず、鳥類には大毒なるか。人の心つかぬことなり。

馴れて足にまとわりついていたスズメを踏み殺してしまったという人の話や、酒粕を食べさせて死なせてしまった話など、現代と共通する事故の例が示されている。ここではスズメの話として書かれているが、この文章は鳥飼の目から見るとあまりにもリアルである。だが、同時に、鳥に愛情を注ぎ、慈しんで育てた江戸時代の飼い主の姿も浮かび上がってくる。不注意で鳥を殺してしまったり、無知ゆえに鳥を殺してしまったりした当時の飼い主の悲嘆が聞こえてくる気がする。

鳥の芸について

雛もしくは若鳥から育てていく過程で、特定の合図に対して反応するように教え込むことができる鳥がいる。例えば、先に名前を挙げた「手振り駒」がそうである。また、ヒバリの中には人間の合図で開け放たれた鳥籠の出口から飛び立ち、大空高く飛び上がった後、ふたたび急降下して、みずから籠に戻ることができるものがいた。ほかの科の鳥でも、名を呼べば囀りを返すものや、手招きなど何らかの合図をすれば飼い主のところに飛んでくるものがいる。

これらの仕草や行為は、馴れた鳥が見せる姿の一つである。それは鳥がもともと持っている能力や資質の一端を、人間が飼育の過程で意図的に、あるいは自然に引き出したものといえる。オウムやキュウカンチョウなど、物まね鳥のおしゃべりも同様である。

通常、鳥たちのこうした行動は、飼い主やそのまわりの人間を楽しませるだけのものにすぎないが、だれもが驚く技術や芸を身に付けた鳥は人前に出されて、一般の人々に対してその技を披露するようになる。日本における鳥の芸はこのようにして始まったと考えられる。

しかしながら、人に向かって羽を広げたり、呼ばれて飛んでくるだけでは芸とは見なされない。鳥の芸が「芸」として認められるためには、そこに「複雑さ」がなければならない。具体的には、順番や形が決まった行動を、間違うことなく正確に行うことが必須条件となる。例えば、オウムが物語などの長い文章を完璧に暗記し、すらすらと話してみせると、それは芸と呼ばれるようになる。

日本において、古くから芸をする鳥として知られていたのがヤマガラである。日本で鳥の芸と言えば、ヤマガラの芸を指すのが一般的である。他の種類の鳥にも芸を見せることのできる個体はいたが、芸をする鳥として認識されていた唯一の種がヤマガラだった。

シジュウカラやヒガラなどと同じシジュウカラ科に属すヤマガラは、沖縄や伊豆諸島などを含めて日本の全域に棲息《せいそく》しているが、民家の近くでも見ることができるシジュウカラと違って、平地から山地の林を主な住処《すみか》としている鳥である。

ヤマガラと日本人との付き合いは古く、平安時代の歌集『拾遺和歌集《しゅういわかしゅう》』の中にもその名前を見付けることができる。籠の中のヤマガラを歌った歌としては、鎌倉時代の歌集『夫木和歌抄《ふぼくわかしょう》』の中に納められている寂蓮法師《じゃくれんほうし》の「籠の内も猶《なお》羨まし山がらの身のほどかくす夕がほの宿」、もしくは光俊朝臣《みつとしあそん》の「山稜鳥《やまがら》」が最初だろうか。

「やまがら」という名前は平安時代以降この鳥の名称としてほぼ固定されていたようで、

図12　ヤマガラ（毛利梅園『梅園禽譜』より）

「山柄」や「山稜鳥」などの当て字がときおり見られるものの、大体においては「山雀」という漢字が当てられてきた。江戸時代において、ヤマガラに近いが微妙に羽色の異なる鳥に「アイゼンガラ」という名を与えている書物があるが、これは色変わりのヤマガラか伊豆諸島に棲んでいる亜種のオーストンヤマガラと考えられている。

さて、そのヤマガラの芸であるが、江戸時代にどんな芸が行われていたのかわかる資料に『喚子鳥《よぶこどり》』（宝永七年〈一七一〇〉）の中のヤマガラの解説がある。

そこでは、「ヤマガラはすずめほどの大きさで、羽の色は樺色《かばいろ》に白黒濃いネズミ色のまだらである。この鳥は羽根づかいも軽く、籠の中で宙返りをしたりする」とその特徴の説明があり、その後、芸の仕込み方の解説が行われている。

最初に説明されるのが、「輪くぐり」の芸の訓練方法だ。とまり木から飛び上がったヤマガラが、吊るした丸い輪の中を通り、再びとまり木に戻るように訓練したのが「輪くぐり」である。

そして、それに続いて紐の先にくくり付けられて吊るされた餌を器用に足でたぐり上げて食べる、「つるべ上げ」と呼ばれる芸の解説が行われている。ヤマガラはもともと、餌となる木の実を食べる際、実がなっている木の枝の先端には止まらずに、枝の途中に止まり、足と嘴《くちばし》を使って枝先の実をたぐりよせて食べる習性がある。この性質を上手く利用した芸が「つるべ上げ」なのである。

『喚子鳥』にはさまざまな鳥と鳥籠の挿絵が掲載されているが、その中に明らかにヤマガラ籠と思われる籠がある（一三七ページ鳥籠①）。同じページに掲載されている他の鳥籠と比べて、この鳥籠がかなり大きなサイズになっていることがわかるが、これは小さな鳥籠ではヤマガラの籠の中での動きが制限されてしまうためである。ヤマガラに上手に輪くぐりをさせるためには、籠に十分な広さと高さがなければならないのだ。元禄《げんろく》十年（一六九七）に発行された『松の葉』の第一巻にはそれを象徴するような歌が収められている。

山雀が、籠の中での恨《うら》み言《ごと》、かごが小籠で、もんどり打たれぬ。

ヤマガラには大きな籠が必要であることを巧みに表現している歌と言えるだろう。なお、籠に高さがあった方が、「つるべ上げ」の芸の見栄《みば》えが良くなることも付け加えておきたいと思う。

ところで、『ヤマガラの芸』（小山幸子著、法政大学出版局、一九九九年）によると、ここで挙げた二つの芸のほかに、江戸時代においては、「かるたとり」「籠抜け」「はしごのぼり」「文使い」「鐘つき」「将棋《しようぎ》の駒の選り分け」「札《ふだ》取り」などが行われていたらしい。ただしこの中で、はっきりと時期や場所がわかる形で記録が残っている芸は「かるたとり」と「つるべ上げ」の二つだけだという。ほんの二、三十年前まで神社の境内《けいだい》などで見ることができたヤマガラに御神籤《おみくじ》を引かせる芸は、実はかなり新しいもので、江戸時代にはまだ行われていなかったようである。

小鳥合

小鳥の囀りや羽色の美しさを競う「小鳥合」は、平安時代に貴族の娯楽の一つとして始まった。それが江戸時代になり、飼い鳥が庶民層に広がるにつれて、武士、そして庶民のものとなっていく。また、層が拡大し、飼育者が増えたことによって小鳥合の規模も大きくなり、行われる頻度も増えていった。

江戸時代において、小鳥合の主役だったのがウズラとウグイスである。両者は、専門の飼育書が何冊も出版されるほどの人気があった。

ウズラの飼育は江戸時代を通して行われていたが、特に時代の前半に大きなブームがあった。『嬉遊笑覧《きゆうしようらん》』には、「慶長《けいちよう》より寛永の頃鶉合《うずらあわせ》大に行はれし事、其ころの草子どもに往々見えたり」とある。慶長は一五九五年に始まることから、江戸に幕府が置かれる前から鶉合が盛大で、その流行は約五十年にもわたって続いていたと考えられる。

そうした人気を受けて慶安《けいあん》二年（一六四九）に出版されたのが専門の飼育書『鶉書《うずらしょ》』である。ウズラの声や姿の優劣について詳細な解説を行なっている『鶉書』は、問答方式（Q&A方式）が採用されていたため初心者にも易しい本で、だれでも必要なことがすぐに理解できる優れた指南書《しなん》だった。人々はこうした本やみずからの経験をたよりに優れたウズラを選び出し、他者との競い合いを楽しんでいたのである。

『鶉書』の発行からおよそ百年後、ウズラはふたたびブームとなる。『嬉遊笑覧』によると明和《めいわ》・安永《あんえい》年間（一七六四―八一）、大名・旗本などの上層階級の間で鶉合が大流行したという。解説文において「鳥籠は金銀を鏤《ちりば》め唐木《からき》象牙螺鈿《らでん》高蒔絵《たかまきえ》にて」と表現されていることから、金銀を散りばめた豪華絢爛《けんらん》な鳥籠でウズラが飼育されていたことがわかる。

江戸時代初期のブームはウズラ飼育の庶民層への拡大に伴う、庶民が中心となった流行だった。それが、ウズラの魅力が広く世に伝わるにつれ、上位の武士の間にもウズラに関心を持つ者が増え、その結果、明和から安永にかけてのブームが起こったと考えられる。

また、大名や旗本がウズラを飼うようになった背景としては、海外から持ち込まれた珍しい鳥の飼育を行う大名や旗本が増え、それに刺激されるように、この層において鳥を飼う

図13　ウズラ（毛利梅園『梅園禽譜』より）

人間が増えたことも大きく影響していると考えていいだろう。

ところで大名や旗本が鶉の飼育に力を入れるようになったころも、一般庶民のウズラ熱が冷めたわけではなかった。後にシーボルトが静岡のあたりを歩いている際、家々の軒にウズラを入れた籠が下がっているのを見て驚いているように（『シーボルト江戸参府紀行』、文政九年〈一八二六〉）、十八世紀、十九世紀を通じて、身分の如何《いかん》を問わずウズラを飼う人は多かったようである。

先に紹介した『嬉遊笑覧』も、上層階級のウズラ飼養を紹介した後、江戸市中での鶉合について触れている。それによると、鶉合の日には早朝から江戸中の鳥好きが集まり、自慢の鳥を持ち寄って見目や声の美しさを競い合ったという。会が早朝に設定されたのは、ウズラは早い朝に声を張り上げて鳴く性質があったためである。またその際、江戸中の飼鳥屋が協議し、力士番付をならって東西のウズラ番付を作り、発表したという。

こうしたことからもわかるように、鶉合は身分を越えて鳥好きな人間たちが集まる一大イベントだったようだ。また、ウグイスの品評会が飼鳥屋《かいどりや》主導で行われていたように、鶉合に関しても飼鳥屋が大きく関わっていたことは事実であった。

ところで、鶉合において優秀さが認められたウズラは高値で取引きが行われたという。ウグイスと違ってウズラには鳴き方などを教え込むことができず、その善し悪しのほとんどが遺伝で決まることは当時から知られていた。よって、鶉合で毎回よい成績を収めるには、よい親を確保し、その血統を保つことが重要だった。それゆえ、声の良い鳥に高い値が付けられたのだろう。江戸時代初期のウズラの飼養が捕まえてきたウズラを飼うことが中心だったのに対し、江戸時代中期以降、ウズラを番《つがい》で飼って雛を取る人間が増えた背景には、こういった理由もあったと推察できる。

図14　鶯飼（『三十二番職人歌合絵巻』より）

ウグイスの鳴合

さて、一方の主役ウグイスだが、ウグイスもまた江戸時代以前から飼育が行われていた鳥だった。明応三年（一四九四）ころに成立した『三十二番職人歌合絵巻』に「鶯飼」が取り上げられていることから、ウグイスの飼養は室町時代にすでに行われていたことがわかる。

また、『看聞日記《かんもんにっき》』に「永享《えいきょう》七年（一四三五）五月一日、早朝鶯合」という記述があることから、室町時代に鶯合が行われていたのは確かである。この日の鶯合は片方の鳥が鳴き声を上げなかったために勝負にならず、五月三日にあらためて鶯合が行われたと『看聞日記』には記されている。

その後、戦国の最中にあった安土《あづち》・桃山《ももやま》時代においても鶯合は行われていたようで、土《と》佐光吉《さみつよし》が『十二ヶ月風俗図』の中に「鶯合」の絵を残している。

江戸時代に行われた鶯合については、隅田舎主人鶯屋半蔵の『春鳥談』に詳しい。『春鳥談』の中の「鶯声《おうせい》品定会の話」という鶯合せの紹介文によると、江戸、京都、大坂の三都では、毎年春になるとウグイスの声を競う品評会が行われていたという。

江戸では、鶯合は旧暦で一月の下旬から二月の中旬に何度か行われる。品評会が行われる場所は牛島で、品定め会に出品されるウグイスは、前年の秋からその年のはじめにかけて鳥屋の人間がウグイスが飼養されている家々を巡り、囀《さえず》りの美しさなどを聞き分けて、「良」と判断された鳥たちだった。会では酒や食事による宴が催され、その宴の中でどの鳥が一番かという協議が行われたという。なお、この会は品評会であると同時に、飼い主の交流会でもあったこともわかっている。

こうした鳴合の際に用いられたのが『春鳥談』の中の挿絵に見られるような籠桶セットである（一三七ページ鳥籠⑦）。この挿絵から、セットは台座、机、籠桶《こおけ》の三つの部分から構成されていることがわかる。この三つはそれぞれ、鳴き台、猫足《ねこあし》、籠桶と呼ばれ、籠桶の中にウグイスが一羽だけ入れられた鳥籠が収容されるしくみになっていた。

当時はこの籠桶のセットを作る専門の職人が何人もおり、贅を凝らした美麗《びれい》な逸品《いっぴん》が多数作られた。上質の桐や杉、檜《ひのき》で作られた籠桶は、その美しさもさることながら、ウグイスの声を最大限に美しく響かせる音響効果も配慮されて作られていたという。品定め会に出されるウグイスは飼い主の身分にこだわることなく鳥の能力だけで判定されたため、品定め会の日取りが決まると、それぞれの飼い主に通知が出された。ただ、農民、商人の鳥が選ばれた時は、本人は出席せずに知り合いの鳥屋にウグイスを託すのが通例だったと『春鳥談』は記している。

武士や裕福な商人だけでなく、一般の商人から農民に至るまで、鳥を飼育する文化が広がっていたことが、ここからもわかる。そして、同じ趣味を持つ人間たちのネットワークが身分を超えて形成されていたことを理解することができるのである。

このほかメジロやヤマガラも声の良さがよく知られており、飼養する者も多かったが、江戸時代にこれらの鳥で鳴合が行われたという記録は今のところ見つかっていない。

小鳥の品種改良と異種交配《ハイブリッド》の試み

馬琴の家ではカナリアが番で飼われており、多い年は年に数度、雛を孵《かえ》していたことは先に述べたとおりである。馬琴のように飼っている鳥をつがわせて雛を取ることも当時の楽しみの一つだった。

動物の子供の無垢《むく》な姿はどれも可愛いものだが、より小さな生き物である鳥の雛には哺乳類の子供とはまた違った可愛らしさがある。古くは『枕草子《まくらのそうし》』で清少納言がヒヨコが親鶏のあとをついて歩く姿を見て可愛いと思ったとあるとおりである。自宅で飼っている鳥が番となり、何日も巣に籠もって卵を抱き、雛を孵す。生まれた雛の成長に生命の神秘を感じるのはもちろんだが、雛から一人前の小鳥へと成長していく姿を間近で見ること自体が楽しみになる。江戸時代にも、このような楽しみを抱いて鳥を飼っていた人々が実際かなりいたようである。

そうして小鳥の繁殖を繰り返して行なっていると、たまに色変わりの羽を持つ雛が生まれることがある。親鳥が持つ遺伝子の組み合わせで親とは違った羽色の子が取れることがあるほか、突然変異によってまったく異なる羽色の鳥が生まれることもある。

突然変異などで色変わりの珍しい鳥が生まれた時などは、何とかしてその形質を残そうという努力が行われてきた。その努力が報われ、新しい形質を持った鳥が安定して生み出されるようになると、新しい品種の誕生となる。江戸時代においては、愛玩されたさまざまな生き物に対して品種の改良や新しい品種の作出が試みられたことがわかっている。

そうした新しい品種を生み出そうとする過程で、異なる種を掛け合わせて新しい品種を生み出そうという努力も行われていた。その例としてきわめて興味深いのが、国会図書館に収蔵されている比《ひ》野《の》勘六《かんろく》の『鳥《ちょう》賞《しょう》案《あん》子《し》』中巻の末尾に記された、当時の所有者が書き

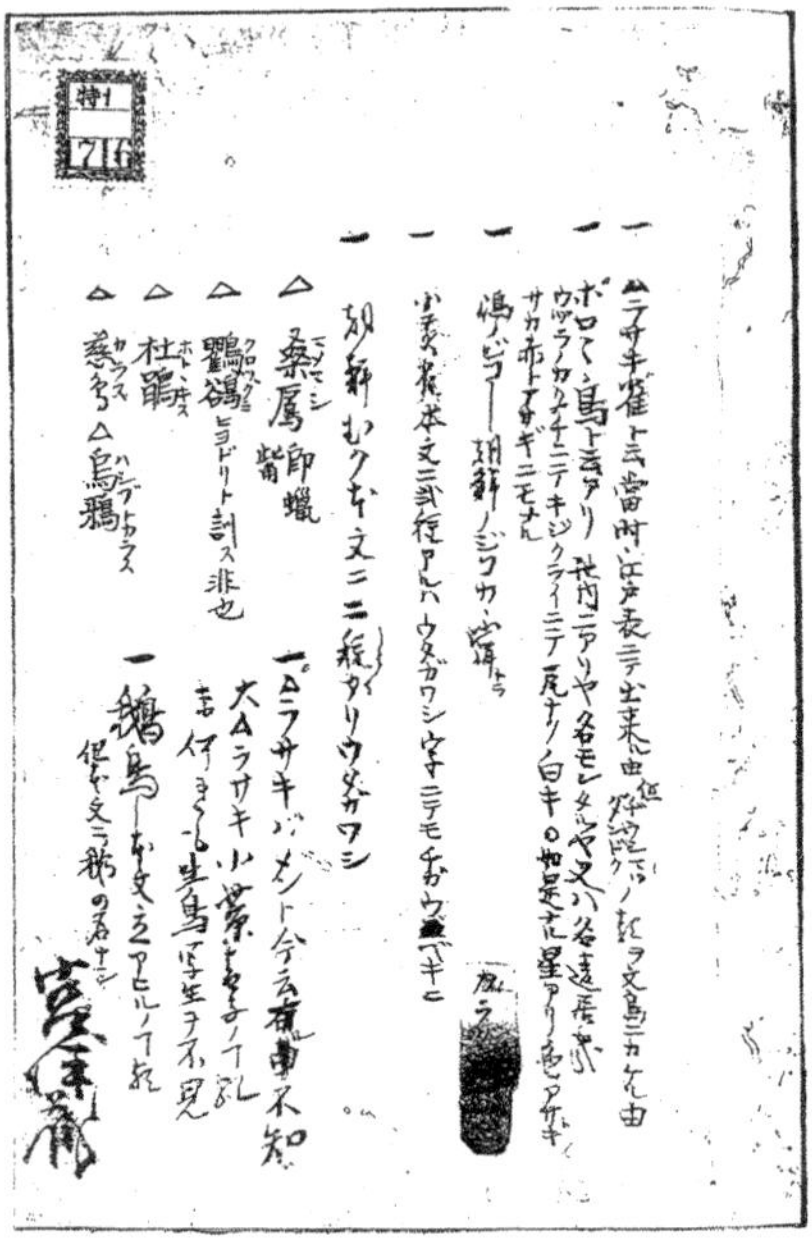

図15　『鳥賞案子』中巻末尾に記された書き込み

込んだと思われる一つの文章である。そこには、「一、ムラサキ雀ト云《いう》　当時、江戸表ニテ出来ル由《よし》」とある。そして、続く文章において、ジュウシマツもしくはダンドクにブンチョウをかけて作り出すのがムラサキ雀であると解説される。

ここでいう「ムラサキ雀」は、今でいう「十文鳥《じゅうぶんちょう》」に相当する。同じカエデチョウ科であるジュウシマツとブンチョウの間では、両者を親として雛を取ることが可能で、生まれた鳥は両方の名前を取って十文鳥と呼ばれている。この記述は、十文鳥が当時の江戸においても作り出されていたことを示す一つの証拠になると考えることができる。

江戸時代においては、ベニスズメの繁殖にも成功し、さらにキンパラ、ギンパラ、シマキンパラ、キンカチョウ、ヘキチョウなどが輸入されていたことから、カエデチョウ科の鳥の異種交配の試みは、ジュウシマツとブンチョウの間だけでなく、他の鳥との間でも試みられていた可能性は高いと思われる。このほか、カナリアに対してカワラヒワやマヒワを交配させる試みなども行われていたかもしれない。

こういった異種の鳥の交配については、実はかなり古い時代から行われていたことがわかっており、古くは平安時代にもその記録を見つけることができる。例えば、『古今著聞集《ここんちょもんしゅう》』（建長六年〈一二五四〉成立）の六七八番、「ひぢの検校《けんぎょう》豊平善《よ》く鷹を飼ふ事」では、一条院の時代に飼われていた秘蔵のタカについて次のように解説する。

此御鷹《このおたか》はみさご腹の鷹にて候。

鳥には獲物としての興味を示さず、決して鳥を獲ろうとしないタカについて、その理由を説明した台詞《せりふ》である。この文章およびその後に続く解説をかいつまんで説明すると、このタカは夕カの雄とミサゴの雌をつがわせ、生み出されたタカであったという。しかしながらタカ類の雛は母親鳥の姿や嗜好《しこう》を見て育つため、生まれた仔は鳥には興味を持たず、狩りの対象として魚のみに関心を示すタカになったのだという。

この記述が人の手により異種交配が行われたことを示した最も古い資料と考えている。

鳥の名前

『万葉集』が編纂《へんさん》されたころに名前が知られており、その名が何らかの形で記録に残されている鳥は三十種から五十種ある。そのほとんどは人家の周りで見られる鳥か、田や川、海辺で暮らす水鳥である。

『万葉集』の中に名前が登場する回数が多いのがホトトギス、ウグイス、雁《カリ》、カモ、千鳥、たず（鶴）の六種で、これらが占める割合は全体の四分の三に及んでいる。この六種に次ぐのが、ウズラ、鶏、キジ、ヤマドリ、タカ、ミサゴ、カイツブリ、ウなどで、他にオシドリ、アトリ、イカル、ヒバリ、ぬえ（トラツグミ）、シメ、サギ、シギ、ミヤコドリ、モズ、カモメ、カラスなどが歌に詠まれている（山田修七郎著『万葉の鳥』近代文芸社、一九八五年）。

平安から鎌倉時代にかけて、認識される鳥の数が増えるにつれて鳥の名前が豊富になっていったが、地域によって呼び名が違っていたりするなど、さまざまな呼び名が氾濫《はんらん》していた。それが江戸時代になると、日本人が目にすることができ、分類が可能だったすべての鳥に名前が付けられるようになり、また、多くの鳥が現代において呼ばれている名前と同じか、非常に近い名前で呼ばれるようになった。当時の資料から、海外産の鳥を含め、およそ四百から五百種の鳥が分類され、名前が付けられていたことがわかっている。これは『万葉集』のころと比べて十倍もの数となる。

江戸時代において人々に認識されていた鳥と、その鳥の名称のことがよくわかる資料として、『喚子鳥《よぶこどり》』の挿絵を挙げることができる。挿絵に載せられた鳥は次ページ表5の一覧のとおりで、三十四種が簡単な挿絵の形で描かれている。そこに添付された鳥の名称は我々にとってもなじみのある名前がほとんどで、わかりづらいのはまめどり（イカル）と志とと（アオジ）とさんじゃく（サンコウチョウ）の三種くらいである（さんじゃくは二種類の鳥を混同）。この事実は、『喚子鳥』が出版された宝永《ほうえい》七年（一七一〇）ころにはすでに、多くの鳥が現代に通じる名前で知られていたということにほかならない。

このように江戸時代のかなり早い段階で鳥の名称の統一・共通化が起こっていたことは、江戸時代以前から長く続いてきた飼い鳥の文化が少なからぬ影響を与えたためと考えることができる。

表5　『喚子鳥』の挿絵に描かれた鳥

挿絵の記述とその読み	現在の名称	備考
津ぐミ（ツグミ）	ツグミ	
るり（ルリ）	オオルリ（コルリもルリと呼ばれた）	
おながどり（オナガドリ）	オナガ	
れん志゛やく（レンジャク）	キレンジャクまたはヒレンジャク	
寿ゞめ（スズメ）	スズメ	
志ぎ（シギ）	シギ類	
四十から（シジュウカラ）	シジュウカラ	
ほじろ（ホジロ）	ホオジロ	
せんにう（センニウ）	センニュウ類	
ひよ鳥（ヒヨトリ）	ヒヨドリ	
まめどり（マメドリ）	イカル	○
はと（ハト）	ハト類	
あ川とり（アツトリ）	アトリ	
ひたき（ヒタキ）	ヒタキ類	
かいつぶり（カイツブリ）	カイツブリ	
おし鳥（オシトリ）	オシドリ	
むくとり（ムクトリ）	ムクドリ	
ほとゝぎす（ホトトギス）	ホトトギス	
ひばり（ヒバリ）	ヒバリ	
みそさざい（ミソサザイ）	ミソサザイ	
志とと（シトト）	アオジ	○
川せミ（カワセミ）	カワセミ	
せきれい（セキレイ）	セキレイ類	
めじろ（メジロ）	メジロ	
ミやまほじろ（ミヤマホジロ）	ミヤマホオジロ	
やまがら（ヤマガラ）	ヤマガラ	
こまどり（コマドリ）	コマドリ	
き世紀れい（キセキレイ）	キセキレイ	
さんじゃく（サンジャク）	サンコウチョウ	○
うぐひす（ウグヒス）	ウグイス	
津ばめ（ツバメ）	ツバメ	
き津ゝき（キツツキ）	キツツキ類	
もず（モズ）	モズ	
うづら（ウヅラ）	ウズラ	

注　備考欄の○印は現在の名称と大きく呼び名が異なる鳥であることを示す。

例えば、鳥屋が鳥を商う商売を始める時、必要となるのが鳥の名前だ。名前がわからないと値札を付けることができないためである。鳥刺に欲しい鳥を注文する際も、鳥の名称と特徴について共通認識がないと、取引きが成立しない。また、鳥に関する同業者どうしの共通認識も当然、必要となる。売り手、買い手の間でも同様である。鳥を売る者が室町時代にはすでにいたことがわかっているが、そのころから少しずつ名前のすり合わせが行われていたのだろう。

そして、江戸時代中期から後期にかけて本草学の研究熱が高まるにつれて、古典的な呼び名、地域ごとの呼び名、何者かによって適当に命名された名前が集められ、あらためて整理、分類されていくことになる。当時、さまざまな人々によって作られた百科事典や図鑑類が、その集大成となった。そうしてまとめられた資料をもとに、現在使われている名称が確定していったと考えられるのである。

鳥　籠

さて、最後に、鳥の飼育文化を語る上で言及しないわけにはいかない隠れた主役、鳥籠のことにも触れておきたい。

江戸時代には先に挙げたヤマガラ用の籠や、ウグイスの鳴合のための籠桶など、鳥の特徴や習性に合わせて、さまざまな鳥籠が作られていた。また、当時は大名から農民まで幅広い飼養者がいたため、その資金力の差から、同じ鳥を入れた籠でも大名籠と呼ばれる豪奢なものから、割った竹を編んだだけ、竹ひごを組み立てただけの質素な籠に至るまで、見栄えが異なるものが多々あった。

このほか、鳥の元気を保ったまま効率よく地方から輸送するための籠や、雛を育てる時期だけに使用する籠、水浴びをさせるための専用籠（水籠《みずかご》）なども作られていた。ブンチョウやジュウシマツなど、稗《ひえ》や粟《あわ》を籠の中に適当に撒《ま》いておくだけで飼養することができる鳥のための籠、播餌籠《まきえかご》が作られたのも江戸時代である。また、キツツキ類やオウム類など、嘴《くちばし》が強い鳥を飼養するために、金属製の鳥籠が作られたり、輸入されたりしていたようだ。

江戸時代になるまでは『職人尽絵貼りまぜ屏風』に描かれたような竹で編んだ丸い籠の鳥籠がその主役だった。それが鳥の飼育が広がったことで、さまざまなものが作られるようになったのである。『喚子鳥』の挿絵には鳥籠①から鳥籠⑥のような籠の絵が描かれている。これらは当時の鳥籠のことがわかるよい資料であることから、ここに掲載された鳥籠を例に、江戸時代の鳥籠について少し詳しい解説をしてみることにしよう。

鳥籠①は先に説明したヤマガラ籠である。ヤマガラが描かれている位置のちょうど真上

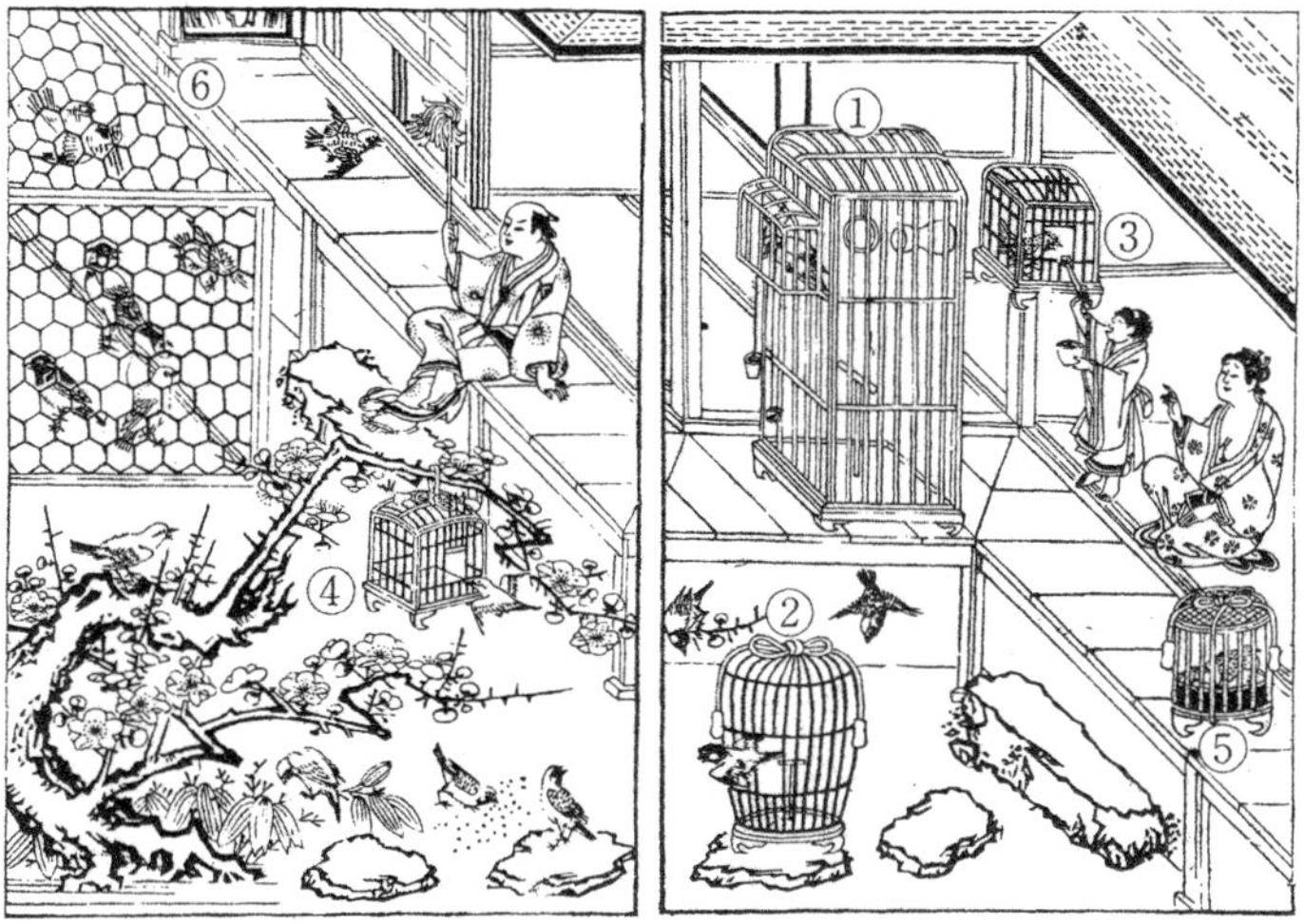

図16　さまざまな鳥籠（『喚子鳥』上より）

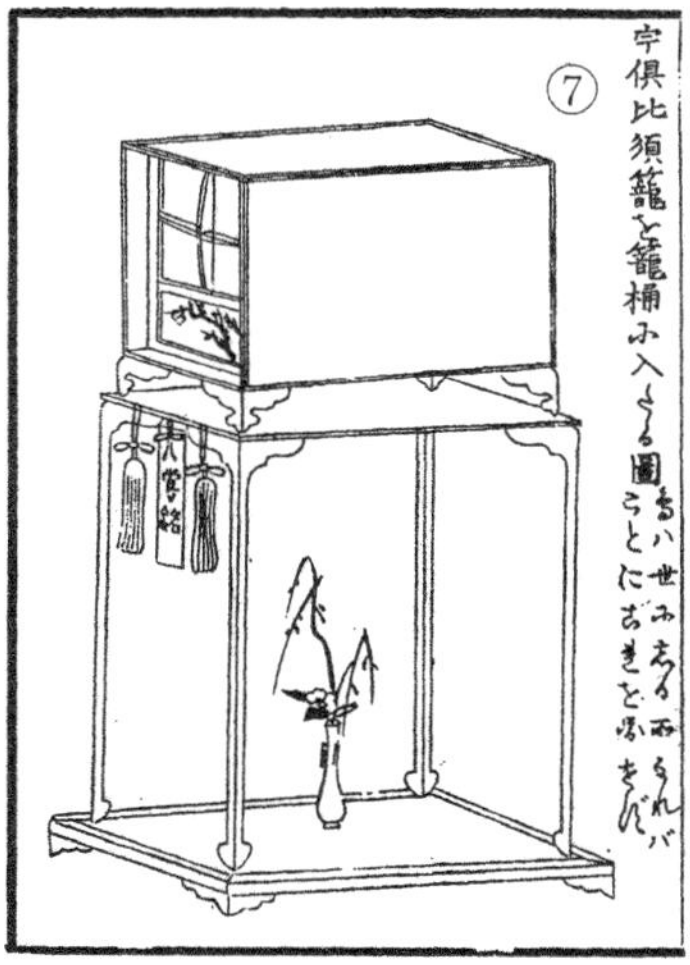

図17　籠桶（『春鳥談』より）

から紐が垂らされ、一方には重しとなる分銅《ふんどう》が、もう一方には餌となるクルミが縛り付けられている。ヤマガラが脚指《あしゆび》と嘴を使って上手にクルミをたぐり寄せられたら餌が食べられるしくみである。

鳥籠②から④が当時の一般的な鳥籠と考えることができる。台座がしっかりした作りになっていることや、籠の側面のゆるやかな曲面に、室町時代の籠と比べて進歩のあとを見ることができる。飛び立つ鳥と籠に戻ろうとしている鳥が描かれている鳥籠②は、おそらく今でいうところの「ヒバリ籠」であろう。

鳥籠⑤はウズラ用の籠だろう。この籠の上部が網の目状になっているのは、驚くと垂直に飛び上がる習性を持つウズラが頭を打って怪我をしたりしないための配慮である。

鳥籠⑥は庭籠《にわこ》と呼ばれる鳥小屋、禽舎《きんしゃ》である。人馴れしづらい鳥や巣立ったばかりの若鳥を飼うのに適している。また、十分な広さがあれば、異なる種の鳥を同居させることも可能である。

『喚子鳥』の挿絵ではないが、籠桶のこともう少し詳しく紹介しておこう。鳥籠⑦で示した籠桶は、中に鳥籠がすっぽり納まるように少し大きめに作られた木の箱である。立方体の六面のうち五面は板で、正面の扉だけが取り外せるようになっている。籠桶は周りからの刺激を減らし、鳥を落ち着かせるためのものである。また、冬場は防寒用としても効果があった。正面の扉は木の枠に和紙が張り付けられ、中が完全には暗くならないような配慮もされていた。

飼い鳥文化に対する考察の補足

平安時代に鳥を飼っていたのは貴族だけであるという考えが一般的だが、記録に残っていないだけで、もしかしたら下級の役人や平民の中にも鳥を飼っていた者がいたかもしれない。

スズメなど、身近な場所にいる鳥の雛を捕えるのは比較的簡単なことであり、雑食性の鳥ならば籠一つあれば飼育は可能である。江戸の人々が鳥の飼育を楽しんだ姿を検証していくにつれ、江戸時代以前の人々も記録が残っていないだけで鳥の飼育をしていた可能性があることを否定できなくなっていることをここに追記しておきたいと思う。

鳥の飼育書と図譜

鳥の飼育書と解説書

実用的だった鳥の飼育書

江戸時代の鳥の飼育書はきわめて実用的な作りになっていた。内容が的確にまとめられ、ページをめくれば必要な情報が手に入る。それゆえ、一冊熟読し、内容をしっかり把握することで、その分野の知識を自分のものとすることができた。

鳥の飼養に熱心な者はそんな飼育書を買い求めたり、持っている知人や貸し本屋から借りて書き写したりもした。馬琴が所有していた『飼籠鳥《かいこどり》』も、借りた本を専門業者に委託して書き写させたものだった。

以下に主な飼育書と解説書の一覧を掲載したが、ここからも江戸時代をとおしてさまざまな書籍が作られていたことがわかる。数の多さはそれだけ需要があったという証だ。

鳥の飼育書や解説書は、大きくは、①「鳥の総合解説書（飼育書を含む）」、②「特定の鳥の飼育書・解説書」、③「百科事典等の鳥の部」の三つに分類することができる。
①に該当するのが、これまで何度か名前を挙げてきた『百千鳥《ももちどり》』や『喚子鳥《よぶこどり》』『飼鳥必要』といった本である。『鶉書《うずらしょ》』や『春鳥談』『養鶯弁《ようおうべん》』『鶯《うぐいす》菊頂《きくいただき》時鳥《ほととぎす》飼様《しよう》秘伝《ひでん》』などは②に分類される。小野蘭山《おのらんざん》の『本草綱目啓蒙《ほんぞうこうもくけいもう》』や寺島良安《てらじまりょうあん》の『和漢三才図会《わかんさんさいずえ》』は③にあたる。
③は、本草学を専門とする学者によって書かれている。①、②を書いたのは、ひとことで言うなら鳥と縁が深かった人々である。身分や立場はさまざまだったが、彼らは鳥に対して特別な思いを持ち、鳥との間に特別な関係を持っていた。つまり、彼らが持っていた鳥に対する強い気持ちが、鳥に関する本を書く原動力となったのである。

だれが飼育書や解説書を作ったのか

だれが、どういった理由から本（書籍）を作ったのかもっとも理解しやすいのが、②の「特定の鳥の飼育書・解説書」である。

これらを書いたのは、飼鳥屋《かいどりや》の主人かそれに類する人間たちだった。

ウズラとウグイスの鳴合は江戸時代をとおして盛んに行われていたため、この二種の鳥に関する詳しい情報が常に求められていた。そんな需要・要求に応える形で本が作られ、出版されたのである。おそらくこれらの本は、愛好家どうしの情報交換や交流などにも役立っていたに違いない。

では、①の「鳥の総合解説書（飼育書を含む）」はどうだったのだろうか。

表6に一覧として示した飼育書・解説書のうち、この分類で最初に出版されたのが蘇生《そせい》堂《どう》主人の『喚子鳥』である。先に名前が出た『鶉書』の著者と同じ人物であることがすぐにわかるが、ここで疑問が生じる。それは、この二冊の本が出版された年に六十年以上もの隔たりがあることをどのように理解したらよいのか、という疑問だ。

実は、蘇生堂主人は『鶉書』を出版する前の正保《しょうほ》二年（一六四五）にも、『鶉目利問答《うずらめききもんどう》書《しょ》』というウズラ関連の本を書いている（『鶉書』の解題の中で松尾信一氏は、『鶉目利問答書』には『鶉書』と同じ文章が多々見られることから、『鶉目利問答書』は『鶉書』の下書きだったのではないかと指摘している）。『鶉目利問答書』と『喚子鳥』ではさらに時期が開き、六十五年もの隔たりとなる。

当時の平均寿命などから考えても、さすがに同一人物が書いたと考えるのは無理があるように思える。また、内容の充実度や文章からいって、『鶉書』が書かれた時の著者の年

表6　江戸時代の鳥の飼育書・解説書

書　名	成立年	著者名	分類
鶉書	慶安2年(1649)刊	蘇生堂主人	②
本朝食鑑	元禄10年(1697)刊	人見必大	③
大和本草	宝永6年(1709)刊	貝原益軒	③
喚子鳥	宝永7年(1710)刊	蘇生堂主人	①
和漢三才図会	正徳3年(1713)序	寺島良安	③
諸禽万益集	享保2年(1717)刊	左馬介・源止竜	①
唐鳥秘伝百千鳥	安永2年(1773)刊	城西山人	①
百千鳥	寛政11年(1799)刊	泉花堂三蝶	①
飼鳥必要	寛政12年(1800)頃	比野勘六	①
鳥賞案子	享和2年(1802)写	同	①
本草綱目啓蒙	享和3年(1803)～文化3年(1806)刊	小野蘭山	③
飼籠鳥	文化5年(1808)写	佐藤成裕	①
養鶯辨	文政元年(1818)序	秋元万蔵	②
鳥名便覧	文政13年(1830)序	島津重豪	①
春鳥談	弘化2年(1845)序	隅田舎主人	②
鶯飼様口伝書	嘉永2年(1849)写	鼓腹堂山人	②
鶯菊頂時鳥飼様秘伝	不明	不明	②

注　分類欄の①は鳥全般についての総合解説書、②は特定の鳥についての飼育書・解説書、③は百科事典などの一部であることを示す。

齢が十代から二十代前半とは考えにくい。とすると、この点において、ありえそうな可能性は次の二つだ。

㋐　貞享《じょうきょう》四年（一六八七）から宝永《ほうえい》六年（一七〇九）にかけての「生類憐《しょうるいあわれ》みの令」のため、本は書き上がっていたものの、出版することができなかった。

㋑　蘇生堂というのは屋号かそれに類するもので、代が替わっても出版物に記載する名前は同じ蘇生堂主人を用いた。

『喚子鳥』が発刊されたのは、「生類憐みの令」が取り下げられた年の翌年宝永七年である。もっと前に書き上がっていた本が、「生類憐みの令」の時代が終わってやっと出版にこぎつけたと考えてもおかしくはない。とはいえ、『喚子鳥』が『鶉書』を書き残した人物の後継者によって書かれた可能性も否定することはできない。よって、「生類憐みの令」の時代に一度書き上がっていた本を、蘇生堂主人の名を受け継いだ者がさらに手を入れて、宝永七年に発行したのではないかと考えている。

『喚子鳥』の発刊からほどなくして世に出たのが『諸禽万益集《しょきんまんえきしゅう》』である。この『諸禽万益集』を書いた左馬介《さまのすけ》および源止竜（左馬介と同一人物か？）という人物については、手元に十分な資料がないため詳しい解説はできないが、その著者名や書籍の内容から見て、彼らは鳥の飼育に何らかの形で深く関わっていた武士ではなかったかと推測する。鳥の絵合解説書の多くが武士の手で書かれていることも、そう推察する根拠の一つである。

上中下の三巻構成になっている『諸禽万益集』は、上巻を左馬介が、中・下巻を源止竜が担当している。巣箱や巣壺の製作手順など、絵があった方がわかりやすい部分の説明に挿絵を多用していること、先の『喚子鳥』と比べて紹介されている技術的な解説が詳細で正確なものとなっていること、鳥の捕獲方法にかなりのページを割いていることなどがこの書の特徴として挙げられるが、中でも鳥の捕獲については下巻まる一冊を使うほどの力の入れようである。こういったことから『諸禽万益集』は、捕獲方法などの詳細を記録に残す目的を持った、鳥が専門の役人かそれに類する人間の手によって作られたもののように思えるのである。

『諸鳥飼養百千鳥』や『諸鳥飼様百千鳥』という名でも知られている『百千鳥』は、『鳥賞案子』(『飼鳥必要』)と並んで当時もっとも普及していた飼育書の一つだった。名称の異なる複数の本が存在しているのは、それを書き写して所有していた人間が多く、書き写しの際に意図的あるいは誤って違う名称を記したためと考えることができる。だが、そうして普及した本であるにもかかわらず、残念なことにこの本の著者である泉花堂三蝶《せんかどうさんちょう》がどんな人物だったのか、実はよくわかっていない。飼鳥屋の主人もしくは飼鳥屋にきわめて近しい人物だったと思われるが、詳細については引き続いての調査が必要である。

その泉花堂三蝶の『百千鳥』に先駆けること二十数年前、やはり『百千鳥』と呼ばれた本があった。城西山人（巨川《きよせん》）による『唐鳥秘伝百千鳥《からとりひでんももちどり》』がそれである。

城西山人は、実は直参《じきさん》の旗本で、本名を大久保勘四郎忠舒《ただのぶ》といった。巨川は、錦絵のパイオニアとして知られる鈴木春信《はるのぶ》を資金面で支えた者としても知られている人物である。

『唐鳥秘伝百千鳥』はその題名に見えるとおり、海外から持ち込まれた鳥の飼育方法や病気の対処方法などを説明した本である。解説されている鳥の種類は約六十種で、小鳥やインコ類のほか、クジャク、キンケイ、コウライキジなど大型の鳥の名前も挙がる。また、その解説においては、海外産の鳥の抱卵期間が説明されていたり、孵化《ふか》に手間取る雛がいた場合、人間がそれを手伝ってもよいのかどうかなど、他の飼育書には見られない記述も多い。

『唐鳥秘伝百千鳥』は、城西山人本人が飼育した鳥の記録をもとに書き遺したものである可能性もあるが、城西山人が西丸御書院番という役職に就いていたことから、何者かの命を受けるかたちで、鳥の世話役だった役人に報告書を出させたり、飼育の秘伝を聞き取るなどしてまとめあげたものだった可能性も否定できない。総合的に状況を判断したなら、どうやら後者の方がより可能性が高そうである。なお、掲載された鳥の種類から、この本は一般の庶民向けではなく、大名・旗本など海外の鳥を入手できる立場にいた者に向けて書かれたものと考えてよさそうである。

比野勘六《ひのかんろく》の著作である『鳥賞案子』と『飼鳥必要』は、題名こそ異なるもののまったく同じ内容の本である。他にも、『鳥はかせ』『鳥養草』などの名称で異名本が十冊前後、存在していることから、『百千鳥』と同じかあるいはそれ以上に広く鳥飼のあいだで利用されていた可能性は高い。この比野勘六という人物は、『鳥名便覧《ちょうめいべんらん》』（文政十三年〈一八三〇〉成立）を記した薩摩藩藩主島津重豪《しげひで》の家臣で、鳥の世話をする御鳥方《おとりかた》の職にあった人物だった。比野勘六が召し抱えられるようになったのは、鳥の飼養に詳しい者を必要としていた島津重豪が鳥の飼育の名人と噂されていた彼の飼養技術を求めたためだと言われている。

島津重豪は蘭学と本草学に強い関心を持っていた人物だった。彼が歴代のオランダ商館長や医師シーボルトと交流があったことは今に知られているとおりである。

重豪は四十三歳で家督《かとく》を息子にゆずると、現在の東京都港区高輪に屋敷を構え、隠居生活を始める。広大な敷地を整備して庭園とし、そこを「蓬山園《ほうざんえん》」と名付けた。そこに収集した植物を博物学的分類のもとに植え、自身の研究と安息の場としたのである。蓬山園にはクジャクなども放たれ、屋敷の中では輸入されたり捕獲されたりした珍しい鳥が飼育されていたという。比野勘六はここでの鳥の世話を命じられたのである。おそらくは鳥の世話をしただけでなく、鳥に強い関心を持っていた重豪に、鳥についての講義をする教師の役目も負っていたに違いない。晩年、重豪はみずから筆を取って『鳥名便覧』という鳥名辞典をまとめあげたが、比野勘六から得た知識がそこに生かされていた可能性は高いと思われる。

さて、ここまで述べてきたことから、「鳥の総合解説書」は鳥を飼育していた武士もしくは上の者から鳥の飼育を命じられた家臣によって書かれたものが多く、「特定の鳥の飼育書・解説書」は基本的に、その鳥の飼育に深く関わる個人や鳥屋の手で書かれたものであったことが明らかになったように思う。いずれにしても、両者のほとんどが鳥の飼育や売買に深く関わっていた者か、鳥に強い関心を持っていた者によって書かれていた。

だが、その一方で、鳥の総合解説書には別の方向からのアプローチもあった。それは、「本草学の一つのジャンルとしての『鳥類学』」という考え方である。佐藤成裕《さとうしげひろ》の『飼籠鳥』はそういった要素を内在しており、先に述べた①に分類されると同時に本草学的な視点で編集された本でもあった。

全二十巻、千ページにも及ぶ『飼籠鳥』は、四百種もの鳥を解説した鳥の飼育書の大集成であり、江戸時代最大の「総合鳥辞典」でもあった。この書を書き上げた佐藤成裕は、当時もっとも著名な本草学者の一人であった稲生若水《いのうじやくすい》について本草学を学んだ父を持ち、二十歳で薩摩藩に招かれるなど、若くして本草学の分野での才能を認められた人物だった。『薩州産物録《さつしゆう》』『中陵漫録《ちゆうりようまんろく》』の著者としても知られている彼が『飼籠鳥』をまとめあげたのは四十八歳の時である。

幼いころから花や虫などを写生して歩いたという佐藤成裕が、鳥にも関心を持っていたのは確かであろう。でなければ、これだけ膨大な書籍を書き上げることなどできなかったはずだ。だが、他の飼育書や解説書の著者と同じような目で鳥を見ていたかという点については疑問が残る。その生涯や、他の著作の内容を見る限り、本草学者として研究の対象として鳥に関心はあったが、その飼育にのめり込むほどの興味は持っていなかったようにも感じられる。彼は鳥の愛好家ではなく、その本質は本草学の徒であり、その意識を持ってこの仕事をなし遂げたと考えるのが適切であるように思えるのである。

江戸時代の鳥の飼育書や解説書は、著者の経験や伝えられてきた情報をもとにまとめられたものだったが、本草学、本草書からの影響を受けていたこともまた事実である。当時の総合解説書の多くが「飼育情報の部」のほかに、個々の鳥について解説を行う「鳥に関する情報の部」を併せ持っていたことがそれを裏付けている。

本草学からの流れ

本草学は、動物、植物、鉱物を細かく分類し、それぞれを詳しく解説するとともに、おのおのが薬としてどんな効能や効果を持つかを研究し、解析する学問である。本格的な研究は中国の漢代に始まり、明《みん》代の末になって、本草学者にして医者でもある李時珍《りじちん》が著した『本草綱目《ほんぞうこうもく》』（五十二巻）によって一つの完成をみたとされている。

日本の本草学は、この『本草綱目』が中国から日本に持ち込まれたことによって始まった。最初に日本に持ち込まれたセットの一つを林羅山《はやしらざん》が長崎で手に入れ、徳川家康に献上する。以後、『本草綱目』は家康の座右《ざゆう》の書となったことが知られている。

日本における本草学は中国の本草書の影響を強く残しながらも、時代とともに次第に博物学的傾向を強め、日本独自のものとなってゆく。学者や医者、大名・旗本などの手でいくつも作られた花や鳥、虫などの図鑑類はこうした状況、影響のもとで作られたものであった。

江戸時代の日本における主な本草書としては、人見必大《ひとみひつだい》の『本朝食鑑《ほんちょうしょっかん》』、貝原益軒《かいばらえきけん》の『大和本草《やまとほんぞう》』、小野蘭山の『本草綱目啓蒙』などを挙げることができる。これらの本では中国の本草書や日本の過去の書物などから引用を行いつつ、鳥についての解説を行なっている。こうした書籍が編纂《へんさん》される過程で、鳥の名称などが詳しく調べられ、現在に通じる名前へとまとめられていったことは先に述べたとおりである。

飼育書の著者は鳥の飼育をどう考えていたのか

本草学者がまとめあげた書物には、みずからの研究の成果を世に知らしめたいという気持ちや、世の中が必要とする本を世に生み出したいという気持ちがこめられていた。一方、鳥を飼う者の立場に立って飼育書や解説書をまとめた人間には、世の鳥好きの人々の需要に応えたいという気持ちや、鳥好きの輪をもっと広げたいという気持ちがあった。

だが、そうした気持ちを持って飼育書や解説書を書こうとしたものの、本を書くことに対して、心の中に強い葛藤が生じていた人間がいたことも確かである。それは、鳥にとって人に飼われることが幸せかどうか、という疑問から生まれる葛藤だった。

長く鳥を飼っていると、鳥にも感情があり、生き物としての喜びも苦しみもあることがわかってくる。特に、大切にしていた鳥が死んだとき、「この鳥は自分のところにいて、はたして幸せだったのだろうか」という疑問を感じる人間も多い。鳥が好きだと強く思う者ほど、その問いかけは大きく響く。

人に飼われるのが鳥にとっての不幸なら、自分が飼育書を書くことはさらに不幸な鳥を増やすことに繋がるのだろうか。そんな疑問に真剣に悩み、みずからの答えを導き出し、飼育書を書き上げることを決めた人間がいた。『百千鳥』の編著者、泉花堂三蝶がそうである。

『百千鳥』の「序」は、「予壮年の頃より、小鳥を好て常の楽となす」という文章から始まる。だが、それに続くのは、籠の中に入れられた鳥は苦痛を感じているに違いないと指摘する人間がいる、という記述である。

それに対し、反論する形で泉花堂三蝶はこう述べる。

「野鳥は寒さを逃れることも、雨風を逃れることもできない。餌や水に困ることもあり、鷲や鷹に襲われることもある。羽が抜け変わるトヤの時は、フクロウやミミズクなどにも怯えなくてはならない。だが、籠で飼われる鳥は寒さ暑さを心配することもなく、餌や水の心配もいらないではないか」と。

そう述べた上で、だが、と彼は続ける。「飼い鳥は適切な飼育がなされなければ、命を縮めることになる」。その言葉の裏には、野鳥より短い命になってしまうのなら、飼い鳥になった意味がないという思いが隠れている。そして、「だから私は、人に飼われる鳥が不幸にならないためにこの本を書くのだ」と泉花堂三蝶は綴るのである。

その言葉の中に、鳥を愛する強い気持ちがにじんでいる。鳥を飼う人のため、そして飼われる鳥のための一冊。そんな気持ちがあったからこそ、『百千鳥』は大衆に支持され、鳥飼たちの間で買い求められる本となっていったのだろう。

さて、ここからは鳥の総合解説書・飼育書の内容を少し詳しく紹介していくことにしよう。

総合飼育書の構成

当時の鳥の飼育書・解説書は先に述べたように、「飼育情報の部」「鳥に関する情報の部」の二部構成か、それに鳥の捕獲方法などの「周辺情報の部」を加えた三部構成になっているのが一般的だった。それらを時系列に沿って見てゆくと、時代や経験の積み重ねの中で飼育情報、鳥に関する情報が充実していったことがわかる。

例えば、『喚子鳥』ではまだ少なかった飼育に関する情報が、『百千鳥』では倍以上のページを割いて説明されるようになる。『飼籠鳥』ではさらに増えて、丸々二冊を使ってそれを説明するのである。

解説される鳥の数も『喚子鳥』や『諸禽万益集』では、百十種から百三十種だったのに対し、『飼籠鳥』では四百種にまで増え、個々の情報量も増やされていく。

これに対し、『百千鳥』では解説される鳥が百種を超えておらず、一見収録数が減少したようにも見える。これは他の書では取り上げられているシギ類を完全に省いていること、スズメやツバメ、ムクドリ、ヒヨドリといった身近な鳥を省いているためである。シギ類は基本的には飼い鳥にはしない鳥であり、スズメやムクドリなどはだれもがよく知っている鳥であることから、あらためて解説する必要はないだろうという判断を著者がしたということらしい。つまり、『百千鳥』において解説されている鳥の数については、ただその数が減らされたということではなく、利用者の需要を配慮に入れた上で、明らかな編集意図を持って減らされているということなのである。

ところで、江戸時代の鳥の飼育書・解説書は、その書の著者が想定した読者対象や書かれた経緯などから、さらに次のように三つのグループに分類することができる。

グループ１

『喚子鳥』宝永七年（一七一〇）刊、蘇生堂主人著
『諸禽万益集』享保二年（一七一七）刊、左馬介・源止竜著
『百千鳥』寛政十一年（一七九九）刊、泉花堂三蝶著
『鳥賞案子』『飼鳥必要』享和二年（一八〇二）写、比野勘六著
グループ2
『唐鳥秘伝百千鳥』安永二年（一七七三）刊、城西山人著
グループ3
『飼籠鳥』文化五年（一八〇八）写、佐藤成裕著

「グループ1」が、江戸の人々が手にしたであろう一般的な飼育書である。

これに対し「グループ2」の『唐鳥秘伝百千鳥』は、一般の人々が飼育することはおろか目にすることも多くはなかったであろう輸入鳥の情報が中心であることから、大名や旗本など特殊な人々のための本だったと考えることができる。

最後の「グループ3」、『飼籠鳥』においては、情報量がきわめて多いという利点はあるものの、二十冊と巻数も多く、人々が気軽に持ち歩けるようなものではなかった。この書

は実用書というより、書庫の奥にしまっておいて必要が生じた時に読んだり、鳥のことを学ぼうと考えた人間が一ページ一ページ丹念に読んだ本だったと考えるべきだろう。ただし、自分に必要な巻だけを書き写し、手元に持っていた人間がいた可能性があることは頭の中に置いておく必要がある。

『百千鳥』の構成

さて、まずは市中に広く普及していたと考えられる『百千鳥』の内容から分析をしてみたい。「鳥を飼う人間が最低限持っておくべき知識はなにか」を熟考した末、生み出された書である『百千鳥』は、現代の鳥飼の目から見ても、鳥飼育の基本が押さえられた本であるように思える。もちろん現代人から見ると足しておきたい情報や、理解がしにくい記述があるのも確かだが、それでも寛政十二年（一八〇〇）ころに鳥を飼っていた人々にとっては、ほしい情報が見つかる一冊だったことは間違いない。

現代語に訳した『百千鳥』の目次は次のとおりである。一項目を除いて（「鳥籠のこと」のみ後の章から前に移動）、記述されている順番は変えていないものの、見出しは現代人がわかりやすい形に変更させていただいた。また、大見出しおよび、項目の区切りは著者によるものである。

『百千鳥』目次（現代語訳）

一、餌（すり餌）の作り方と与え方

①米の粉の作り方（一般用）

②米の粉の作り方（特別な鳥用）――ミソサザイ、キクイタダキ、セッカ、センニュウ、コヨシキリといった弱い鳥のほか、ウグイスやコマドリにも利用できる。

③すり餌に混ぜ入れる魚の選択とその保存方法

④すり餌に混ぜ入れる青味（＝青菜類）のこと

⑤すり餌の作り方とその注意点――なるべく細かく擂る、使用した擂鉢《すりばち》はきれいに掃除し、清潔を保つ、他

二、鳥の世話をする際の注意

①常時水を与える必要がある鳥、ない鳥

②トヤ（羽の抜け変わり）の時の注意

③水浴びについて

④老鳥のハバキとその処理のしかた（ハバキは老鳥などの脚に見られるもので、脚《あし》表面の角質が固く鱗《うろこ》状《じょう》に変質したもの、著者注）

⑤とまり木について――とまり木として、どんな木を選択すればよいか
⑥鳥の爪切りのこと
⑦鳥籠のこと――鳥が怪我《けが》をしたり、尾を擦り切らしたりしない鳥籠とは

三、鳥の病気や怪我の対処法
①目に炎症が起きたときは
②糞詰まりの対処のしかた
③鳥が餌を食べないときは
④鳥の体外・体内の寄生虫について
⑤怪我の対処のしかた

四、その他
①孑孑《ぼうふら》の効能について
②螽《いなご》の効能について
③羽色が変化していく鳥について
④日本の名鳥（本朝三鳥）とは

五、諸鳥の特徴とその飼養法

六、輸入鳥の中で、日本で繁殖に成功した鳥と成功していない鳥

目次からわかるように、『百千鳥』の構成は、「餌の作り方と与え方」「鳥の世話をする際の注意」「鳥の病気や怪我の対処法」という重要事項がまず解説され、次いで補助的な情報が加えられた後、鳥の紹介部が続く形になっていた。当時の一般的な飼育書の構成をここに見ることができる。

鳥の飼育書の中にあって、その構成が他と大きく違っていたのが『唐鳥秘伝百千鳥』だ。『唐鳥秘伝百千鳥』では鳥ごとの解説がまず先にあって、飼養に関する情報はその後に来るように編集されていた。この本の利用者にとっては、こちらの方がより使いやすい形だったのだろう。

ところで、この泉花堂三蝶の『百千鳥』が書かれた際も、『喚子鳥』など、それ以前に書かれた鳥の飼育書が参考にされたのは間違いないようである。そっくり同じ紹介にならないように文章は変えられているものの、内容的には同じことが言われていたり、鳥の特徴を説明した挿絵として同じ絵が使われているなど、共通点が発見できるからである。

例えば、イワミセキレイの特徴を示した文章で説明されている鳥の胸元の模様について

は、『喚子鳥』『諸禽万益集』『百千鳥』の三冊で同じ挿絵が用いられている。飼育書を書くにあたっては、先達が書いたものにもしっかり目をとおした上で、自著の執筆に取りかかったということなのだろう。

なお、『百千鳥』で解説されている鳥の種類については、「『喚子鳥』『百千鳥』に紹介された鳥」（一六四～一六七ページの表7）をご参照いただきたい。

『飼籠鳥』飼法部の構成

『百千鳥』の構成の過不足は、他の飼育書と比較するとよく理解することができる。その比較材料として最適なのが、『百千鳥』の約十年後に発刊された佐藤成裕の『飼籠鳥』である。全二十巻で構成される『飼籠鳥』の第二巻と第三巻が「飼法部」で、ここに鳥の飼い方、病気や怪我の対処法などがまとめられている。比較の対象として『飼籠鳥』が最適なのは、鳥の飼育書に盛り込む必要のあるあらゆることがここに収められており、最新の情報に差し替えたなら、現在でも通じるだけの高い質を持つものになると評価できるためである。

現代語に訳した『飼籠鳥』の巻の二、巻の三の目次は次のとおりである。『百千鳥』と同様に、見出しは現代人がわかりやすい形に変更させていただいた。大見出し、項目の区切りも著者によるものである。

『飼籠鳥』巻の二「飼法部」目次（現代語訳）

一、鳥選びの心得
—鳥を選ぶときは羽色の美しい鳥を選ぶべし—
—声の美しさもまた重要である—

二、名鳥および諸鳥について
①和品四鳥とは
②和品五鳥とは
③粒食《まきえ》四鳥とは
④九鳥とは
⑤島鳥四鳥とは
⑥島鳥五鳥とは
⑦大鳥小鳥二十一鳥とは

三、鳥の飼い方について（1）
①さまざまな鳥の餌について
②蟲餌《すりえ》の作り方

分　　類	『喚子鳥』の記述	『百千鳥』の記述
メジロ科		
メジロ	めじろ	目白
ホオジロ科		
ホオジロ	ほじろ	
アオジ	あをじ	青しとと
クロジ	くろじ	黒しとと
ノジコ	のじこ	ノジコ
シマノジコ	島のじこ	島ノジコ
ホオアカ	ほあか／あかしとと	頬赤鳥
コホオアカ	島がしら	
ミヤマホオジロ	みやまほじろ	深山画眉鳥(みやまほうじろ)
オオジュリン	しゆりん	黒じゆりん
シベリアジュリン	りうきうひたき(？)	
コジュリン	しゆりん	小じゆりん
カシラダカ	かしら	深山ガシラ
アトリ科		
アトリ	あつ鳥	鶍(あとり)
カワラヒワ	河原ひは／小かはら	小かわらひは
オオカワラヒワ	大かはら	大かわらひは
マヒワ	まひは	真鶸
ベニヒワ	ぬか鳥	紅鶸／糂鶸(ぬかひわ)
シメ		鴲(しめ)
ウソ	うそ鳥	大嘯鳥／小嘯鳥
イスカ	いすか	赤いすか／青いすか
イカル	まめまはし／いかるが	
コイカル	小まめ鳥／島まめ	島鵤(しまいかるが)
ベニマシコ	さるましこ／きくましこ	小ましこ
オオマシコ	大ましこ	大ましこ
ハギマシコ	はぎましこ／大ましこ	萩雀
ハタオドリ科		
スズメ	すずめ	
ニュウナイスズメ	にうないすずめ／島すずめ	入内雀(にうないすずめ)
ムクドリ科		
ムクドリ	むく鳥	
コムクドリ	小むく／島むく	島ムク鳥
カラス科		
カケス	かし鳥／かけす	深山かしどり
ホシガラス	島かし鳥	島かしどり
オナガ	くはんとう尾なが	

注　はっきりと同定することが困難な鳥の名に（？）印を付けた。

分　　類	『喚子鳥』の記述	『百千鳥』の記述
センニュウ類	せんにう	センニウ
カササギヒタキ亜科		
サンコウチョウ	さんじゃく／三光鳥	三光鳥
レンジャク科		
キレンジャク	きれんじゃく	黄連雀
ヒレンジャク	ひれんじゃく	緋連雀
モズ科		
モズ	百舌鳥	
オオモズ		大鵙
チゴモズ		朝鮮鵙／島鵙
アカモズ	島もず	赤鵙／藪鵙
オオカラモズ	関東もず	
ミソサザイ科		
ミソサザイ	さざい／みそさざい	鷦(さざゐ)
ヒヨドリ科		
ヒヨドリ	ひよ鳥	
セキレイ科		
イワミセキレイ	いはみせきれい	岩見鶺鴒
ハクセキレイ	白せきれい	白鶺鴒
キセキレイ	きせきれい／胸黒せきれい	黄鶺鴒
セグロセキレイ	せ黒せきれい	背黒鶺鴒
タヒバリ	たひばり	田雲雀
ビンズイ	木ひばり／びんずい	ビンズイ
ヒバリ科		
ヒバリ	ひばり	
オオヒバリ	おにひばり	
イワヒバリ科		
イワヒバリ	いはくぐり	岩雀
カヤクグリ	かやくぐり／大さざい	萱クグリ
ヤマヒバリ	松くぐり／かやましこ／よしがや	
ツバメ科		
ツバメ	つばめ	
エナガ科		
エナガ	ゑなが	
シジュウカラ科		
シジュウカラ	四十雀	四十雀
コガラ	小がら	小雀
ヒガラ	ひがら	非雀
ヤマガラ	山がら／あいぜんがら	
オーストンヤマガラ	あいぜんがら	アイゼン雀
コジュウカラ科		
ゴジュウカラ	五十柄	五十雀

分　類	『喚子鳥』の記述	『百千鳥』の記述
コゲラ	小げら	小列鳥(こげら)
アリスイ	ありすい	大蟻吸／小蟻吸
キジ目		
キジ科		
ウズラ	鶉	
アマツバメ目		
アマツバメ科		
アマツバメ	みねつばめ(?)	
スズメ目		
ヒタキ科		
ツグミ亜科		
ツグミ	つむぎ／つぐみ	鶫
トラツグミ	ぬえつむぎ	鵺鶫(ぬえつぐみ)
クロツグミ	黒鶫／黒しなへ	黒鶫
ルリビタキ	雪ひたき	翠雀鶲(るりひたき)
コマドリ	こま鳥／とうごま／大ごま	駒鳥
シマゴマ	島こま	島駒
ノゴマ	野ごま／のご鳥	野駒
コルリ	小るり	小翠雀(こるり)
ジョウビタキ	ぜうひたき／島ひたき	上鶲／茶鶲
アカヒゲ		赤髭
イソヒヨドリ	いわつむぎ／いそひよ	磯鵯
アカハラ	あかつぱら／ほし鶫	茶鶫／シナヱ
ノビタキ	野びたき／あつ鳥ひたき	小アガリ(?)
マミジロ	まへつむぎ／こんなへ	
ヒタキ亜科		
キビタキ	きびたき	黄鶲
ムギマキ	小つばめ／島むしくひ(?)	小燕
オオルリ	大るり	大翠雀(おおるり)
サメビタキ	たかむしくひ	鮫鶲
コサメビタキ	きせみ(?)	小鮫鶲
エゾビタキ	めばち蟲くひ(?)	
ウグイス亜科		
ウグイス	鶯	鶯
ヤブサメ	島さざい	
セッカ	せつか	セツカ
キクイタダキ	きくいただき	菊頭(きくいただき)
オオヨシキリ	よしきり	大葭雀(おほよしきり)
コヨシキリ	小よしきり	小葭雀(こよしきり)
コメボソムシクイ	こむしくひ	小加鳥(こむしくい)
メボソムシクイ		目細鳥
センダイムシクイ	せんだい蟲くひ／鶯むしくひ	

表7　『喚子鳥』『百千鳥』に紹介された鳥

分　　類	『喚子鳥』の記述	『百千鳥』の記述
アビ目		
アビ科		
カイツブリ	かいつぶり	
ミズナギドリ目		
ウミツバメ科		
ウミツバメ類		海燕
ツル目		
ミフウズラ科		
ミフウズラ	島うづら	
チドリ目		
シギ科		
キョウジョシギ	きやうぢよ鴫	
トウネン	とうねぎしぎ	
ハマシギ	むしばみ鴫	
クサシギ	くさしぎ	
ソリハシシギ	そりばし鴫	
タマシギ科		
タマシギ	はまだら鴫	
チドリ科		
メダイチドリ	きびしぎ	
シロチドリ	小くびしぎ(？)	
イカルチドリ	大くびしぎ	
カモ目		
カモ科		
オシドリ	おし鳥	
ハト目		
ハト科	はと	
カッコウ目		
カッコウ科		
ホトトギス	杜鵑	時鳥
カッコウ	大むしくひ／かっぽう鳥	大加鳥(おおむしくい)
ツツドリ	みねかいり	
ブッポウソウ目		
カワセミ科		
カワセミ	せうびん／かはせみ	川焦尾(かわせうびん)
アカショウビン	からせうびん	深山焦尾(みやませうびん)
ヤマショウビン	山せうびん／山せみ	
キツツキ目		
キツツキ科		
アカゲラ	きつつき／けらつつき	赤列鳥(あかげら)
アオゲラ	きげら／あおげら	青列鳥(あおげら)

炒糠《いりぬか》――米の粉の作り方
下餌――すり餌に混ぜ入れる魚の選択
青味――すり餌に混ぜ入れる青菜類のこと
すり餌の作り方
③すり餌で飼育する鳥への水の与え方
④卵餌（鶏卵から作られる餌）のこと
⑤唐餌――日本産でない鳥の餌について
⑥その他の餌のこと
⑦若鳥の餌離れについて
⑧トヤ（羽の抜け変わり）の時の注意
⑨老鳥のハバキについて
⑩羽につくダニ（外部寄生虫）の対処法

四、鳥の病気や怪我の対処法

①鳥の健康管理は糞を観察することから始めよ
②鳥が具合が悪そうにしている時は

③鳥に疲れが見える時は
④いよいよもって具合が悪そうな時
⑤死にかけている鳥の対処法
⑥呼吸が苦しそうな時
⑦糞詰まりの時
⑧爪が折れた時の対処法
⑨目の病
⑩外傷がある時
⑪足を骨折・捻挫した時
同巻の三「飼法部」目次（現代語訳）
一、鳥養いの心得
—病の時など、鳥にどんな食物を与えるかよく理解しておくべし—
二、鳥の飼い方について（2）
①薬餌《くすりえ》について
②「竹水《ちくすい》」という秘法

③剪爪《せんそう》――鳥の爪の切り方と出血時の対処法
④鳥籠とその籠に入れる鳥について――蒔餌籠《まきえかご》／揚籠《あげかご》／山雀籠《やまがらかご》／管籠《くだかご》／覆籠《ふせかご》／舞籠《まいかご》
／籠覆器《こおけ》／宿籠《とめこ》
⑤とまり木について
⑥庭籠について
⑦巣草（巣材）について

三、雛を取る
①雛を取ることが容易な鳥の種類
②雛の育て方
③雛に与える餌について
④雛の水浴びについて

四、鳥の捕獲について
①野鳥の渡り
②鳥ごとの捕獲方法

二つの飼育書を並べてみると、さすがに本草学者が書いただけのことはあって、『飼籠鳥』では『百千鳥』に比べて非常に細かいところにまで解説が及んでいることがわかる。また、個々の解説の文章も『百千鳥』に比べて理路整然としたわかりやすいものとなっている。佐藤成裕という人物が、普段からよく文章を書いており、執筆に慣れた人間だったことを感じさせる文章と言える。

分かりやすかった『鶉書』

『百千鳥』『飼籠鳥』とその目次内容を掲載してきたが、「特定の鳥の飼育書・解説書」の中でも異彩を放つ『鶉書』の内容にも少し触れておきたい。というのも、この『鶉書』が、他では見られない際立つ特徴を持った一冊だからである。

『鶉書』は、ひとことで言うなら「物語」である。この書においては、会話によって進められる物語の流れの中で、ウズラに関する知識が伝授されていくしくみになっているのだ。

物語は、主人公である著者（蘇生堂主人）が上野の東叡山寛永寺で一人の老人と出会うことから始まる。酒を酌《く》み交わしつつ話をしてみると、その老人が実に博識であることがわかり、話ついでにウズラについてもいろいろと尋ねてみるのである。すると、老人はウズラの見きわめ方からさまざまな場合の対処方法まで、質問に答える形でわかりやすく話してくれた、という筋書きなのである。

そんな『鶉書』の内容を示した目次は次のとおりである。他の飼育書の目次と同様、著者の手により見出しを拾い、区切りを入れさせていただいた。

『鶉書』目次（現代語訳）

一、プロローグ、もしくは老人との出会い

二、鶉の見きわめ―声の優劣など―

①鶉の飼育はいつから行われているか

②どんな体格の鳥がよい鳥なのか

③「よい鳥」とはどんな鳥を指すのか

④上等の声とは？

⑤中等、下等の声とは？

以後、鶉の声についてのこと細かな解説（問答形式）が続く

三、鶉の病気や怪我の対処法

①胸に痛みがある鳥の状態とその対処法
②体（胴体部分）をどこかにぶつけた鳥
③籠の底にうずくまり、頭をあげない鳥
④脚の弱った鳥
⑤足首をひねった（捻挫《ねんざ》した）鳥
⑥足の付け根を痛めた鳥
⑦体の自由がきかない鳥
⑧脚の骨折の対処法
⑨痩せすぎの鳥
⑩糞詰まりの場合の対処法
⑪翼の付け根を痛めた鳥
⑫翼の中ほどの関節を痛めた鳥
⑬翼の先の関節を痛めた鳥
⑭太りすぎの鳥
⑮鳥が膨れてうずくまっている時の対処法

⑯鳥が下痢をした時の対処法
⑰羽ジラミなど外部寄生虫が見つかった時の対処法
⑱嘴の付け根にこぶができた時の対処法
⑲眼病の時の対処法
⑳ネズミに噛まれて弱ってしまった時
㉑鶉の足の裏にタコなどができて固く盛り上がってしまった場合の対処法
㉒夜中に動きまわる鳥の対処法
㉓なかなか鳴きださない若鳥の対処法
㉔鳴かなくなった鳥の対処法
㉕換羽――トヤ（羽の抜け変わり）の時の注意
㉖春と夏の飼養法
補足1――鶉の見方の「秘伝」
補足2――うずら笛について

現代の飼育書への影響

江戸時代の鳥の飼育書に書かれているさまざまな対処法には、理解が困難なものや、明らかにおかしいと感じられるものが多々あるのも事実である。だが、科学的な裏付けがあったわけでもないのにおおむね正しかったり、現在でもまったく同じことが行われていることも意外に多い。

それはすなわち、江戸時代の鳥飼や鳥商人の知恵が、現在においてもさまざまな形で生かされているということなのだろう。

現在の飼育法と当時の飼育法を見比べると、すぐにいくつかの共通点を見つけることができる。誰もが知っている大きなものとしては、「すり餌」の存在を挙げることができる。竹や木で作られた鳥籠も、江戸時代に作られた形を確かに引き継いでいるものと言えるだろう。このほか、当時の鳥の飼育書に書かれていて現在でも通じるものとして、次のような例を挙げることができる。

① 鳥の状態は糞《ふん》を見ればわかる

『飼籠鳥』には、次のような文章がある。

「小鳥は先《ま》づ糞を見て、その鳥の病をしる」

飼育している鳥の健康はその糞を見ればわかるというのは事実であり、現代の鳥飼育の基本でもある。色や形、量（数）がいつもと変わらなければ、健康を維持している一つの証拠となる。下痢をしている、未消化物が混ざっている、色がおかしいなど、糞に何か異常が見られた時は、鳥が健康を害している時である。

②　鳥の爪を切りすぎた時は先を線香で焼けばよい

籠で飼っている鳥は爪が伸びやすい。爪が伸びすぎた鳥は何かに驚いた時に、爪を引っかけて折ってしまったり、脚指《あしゆび》を骨折してしまったりすることも多くなるため、事故を防止するために定期的に爪を切る必要がある。江戸時代の飼育書でもこうしたことがしっかり説明されており、爪の切り方を絵入りで説明するものも多い。

爪切りはさほど難しいことではないが、爪を深く切りすぎると血管を傷つけ、切った爪の先から出血してしまうことがある。そういった時の対処法として、切りすぎた爪の先を線香で焼くという治療法がある。これは現在でも行われていることで、実際に血止めと消毒の効果は高い。

③　鳥籠はきれいにせよ

健康を維持するためには、家の掃除が大切であるとよく言われる。それは鳥でも同様で、不衛生な鳥籠は鳥の健康にも良いものではない。この点について『喚子鳥』は、次のように指示をする。

「一、かごの内そうじは、とまり木をあらひ、下こをもあらひ、とかくかごの内をきれいに飼《かう》が、とりのためによし」

④　鶏卵の卵黄には栄養がある

セキセイインコやブンチョウなどの雛を手乗りに育てる時によく使われる餌に「粟玉《あわたま》」がある。読んで字のごとく、剥《む》いた粟《あわ》に鶏卵の黄味をまぶした餌で、ただの粟と比べて雛の成長に必要なタンパク質などを多く含んでいる食材である。

卵の黄味には栄養があり、病気の鳥や滋養《じよう》を付けたい鳥の餌に用いるとよいことは、江戸時代からすでに知られていた。この点について、『喚子鳥』には次のようにある。

「一、には鳥のたまごをやきぬきして、き《黄》なる所をくだきてゑにまぜ、又ゑのうへ《上》にふりおきかふべし、ゑをくらへどもよはき鳥にもよし」

このほか『飼籠鳥』にも「卵餌」に関する解説があるのは、目次中に見えるとおりである。

⑤　壺巣の作り方

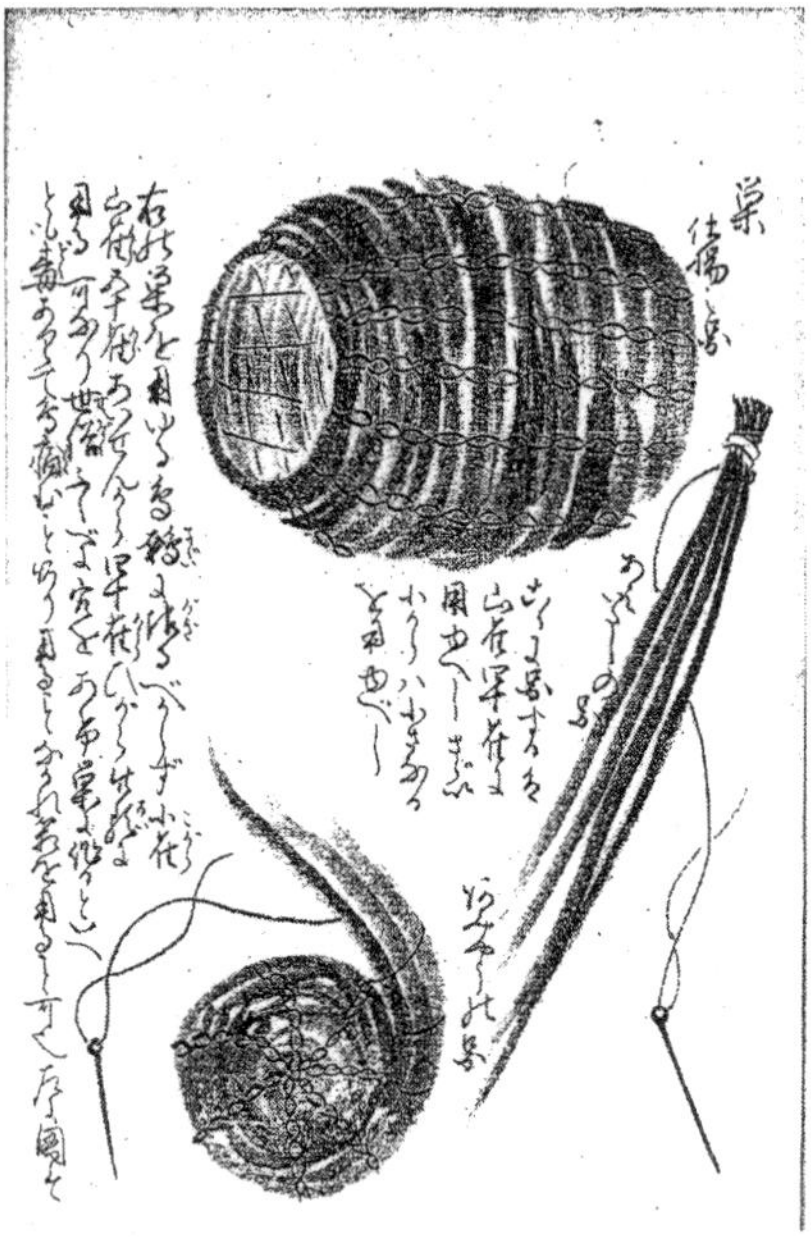

図18　壺巣の作り方（『諸禽万益集』より）

ジュウシマツやブンチョウなどのカエデチョウ科の鳥を飼う際に、よく藁《わら》で編んだ壺巣が使われているが、この壺巣も江戸時代から伝えられてきたものである。『諸禽万益集』には壺巣の作り方が挿絵によって紹介されているが、現在使われている壺巣も、これとまったく同じ方法で作られている。

ここで挙げた例は、日本の鳥の飼育文化が長い期間途切れることなく続いてきた一つの証と言えるだろう。

ところで、鳥に対する看護法としては実際には間違いであるにもかかわらず、ごく最近まで正しいと信じられてきたことがいくつかあった。例えば、卵詰まりの鳥に対して筆の先にオリーブ油を付けて肛門に塗ってやるとか、糞が詰まった時には少量のヒマシ油かオリーブ油を飲ませればよい、というのがそれである。こうした誤った知識は、江戸時代の書物に由来しているのかと思えば、そんなことはないようだ。江戸時代の飼育書には、同様の記述を見つけることができないからである。どうやらこれらの情報は、江戸時代以降にどこかの本に記載されたことが現在まで伝えられたもののようである。

いつからこういった記述がなされてきたのか正確なところは不明だが、大正時代の飼育書『小鳥の講座』（三樹園主人著、大文館書店、一九二六年）には卵詰まりや糞が詰まった時の対処法として先の方法が明記されていることから、明治から大正のどこかで書かれた本にその由来がありそうである。

なお、この『小鳥の講座』は後の鳥の飼育書にも大きな影響を与えた本のようで、昭和二十七年（一九五二）発行の『小鳥の飼い方』（大淵真竜著、金園社）においても、『小鳥の講座』から得られたと思われる情報をその随所に見ることができる。

馬琴が作った鳥類図鑑

『禽　鏡』

滝沢馬琴《たきざわばきん》は、『禽鏡《きんきょう》』という名の鳥の図譜《ずふ》（図鑑）を遺《のこ》した。『禽鏡』は巻物六巻から成り、丁寧に描かれた三百点もの鳥の絵に、文章による解説が付記されたものとなっている。絵を描いたのは馬琴の末娘くわ（鍬）の夫である渥見覚重《あつみかくじゅう》（渥美赫州《かくしゅう》）で、解説は馬琴自身の手書きである。『禽鏡』に描かれた鳥は十八目六十三科、種は亜種も含めて二百二十五種にも及んでいる。『禽鏡』が完成したのは天保《てんぽう》五年（一八三四）で、馬琴六十八歳の時だった。

戯作《げさく》など文章を書くのが仕事だった馬琴が、どういった理由から鳥の図鑑を作ろうと思い立ったのか、遺されたものの中に、その明確な理由を示す記述を見つけることはできない。だが、日記に記された馬琴と覚重のやりとりを読むと、そこから図鑑を製作するに至った馬琴の心理がおぼろげながら見えてくる。

馬琴の末娘くわが渥見覚重と結婚したのは文政《ぶんせい》九年（一八二六）で、馬琴が六十歳の時だった。娘の嫁ぎ先の渥見家と、馬琴はよい関係を築いていたようで、結婚後、覚重は頻繁に馬琴の家に足を運ぶようになる。それは、二人の気が合ったことに加えて、覚重の絵描きとしての才能を馬琴が認めていたことも大きかったのだろう。

馬琴はそんな覚重に対し、雑事も含めて、絵を描く仕事をいろいろと頼むようになる。例えば、文政十年四月二十日、二十一日の日記には、以前から依頼されていた滝沢家の杉《すぎ》戸《ど》三ヵ所（八畳の間、東の間《ま》仕切り、六畳の間）に覚重が絵を描き始めたという記述が見える。四月二十一日にまず手を付けたのは八畳の間で、杉戸障子二枚に「梅に雀」の絵を描いたという。四月二十七日から始められた東の間仕切りの杉戸の作業は、四月三十日、五月一日、二日と続き、五月六日からは六畳の間の杉戸にも取りかかることになる。

六日、作業を終えた覚重に夕食を提供した後、馬琴は彼に蝦夷鳥《えぞどり》やホトトギス、ウトウの絵を見せている。

絵を描く仕事を依頼したことはともかく、なぜ馬琴は彼に鳥の絵を見せる必要があったのだろうか。その理由は五月二十六日の日記および六月十九日、七月十一日、そして三ヵ月ほど戻った四月二十一日の日記から、理解することができる。

日記には、それぞれ次のようにある。

杉戸障子二枚梅に雀、過半出来（四月二十一日）
杉戸の画、鉄線《てっせん》の葉中彩色いたし、鶫《つぐみ》の雌少々ぬけかけ候のみ（五月二十六日）
六畳杉戸の画かきかけ、来鳥《らいちょう》（雷鳥）雄上彩色等、終日なり（六月十九日）
六畳杉戸、楓・蝦夷鳥彩色、七時過出来終（七月十一日）

読んでわかるように、馬琴は家の杉戸に花鳥の画を描かせていたのである。なるほど、先に覚重に鳥の絵を見せていたのはこのためだったのかと、納得することができる。

覚重にこの仕事を依頼したことが、馬琴を『禽鏡』の製作に向かわせる一つのきっかけになったことは間違いない。なぜなら、この仕事の後、馬琴は手持ちの鳥の絵の模写を覚重に依頼することになるからである。

依頼する絵は、最初は数枚単位だったものが次第に十枚、二十枚と増えていく。

文政十二年の日記には、そうした絵のやりとりの記述が何度も登場する。例えば、二月二十五日にはウトウやブッポウソウの絵を覚重に貸したという記述があり、三月十五日には頼んでおいた絵の写しを受け取ったとある。以後、絵を受け取ったという記述は三月二十六日、四月二十二日、五月七日、六月九日、七月八日、十二月十一日の日記の中に見つけることができる。

どの時点で馬琴が自分なりの鳥の図譜を作ろうと決意したのかはわからない。だが、手元に鳥の絵が届けられるたびに、馬琴の中で完成した『禽鏡』のイメージが少しずつできあがっていったことは確かだと思われる。

渥見覚重が間仕切りの杉戸に描いた絵画は、馬琴の手元にあった鳥の絵や馬琴が飼っていた鳥を参考にして描いたものだった。その出来ばえを見て、覚重ならば写生も複製画もかなりの技術を持って描けるものとあらためて確信することができたのだろう。そして、出来上がった鳥の絵を並べて眺めているうちに、次第に馬琴の頭の中で一つのイメージができあがっていったに違いない。

ただ、ここでもう一つ疑問が生じる。『禽鏡』の絵の元となった膨大な数の鳥の絵を、馬琴はどうやって集めたのだろうか。

みずから所有していたものが何枚かあったのは確かだろうが、すべてを持っていたとは考えられない。

考えられるのは、馬琴がこれまで生きてきた中で作り上げたネットワークや、戯作者として仕事をしていく中で作り上げたネットワークを駆使して、江戸中に散らばる絵の中から鳥が正確かつ美しく描かれているものを集めたのではないか、ということだ。

当時の馬琴の家には、北渓《ほくけい》、英泉《えいせん》、英山《えいざん》、豊広《とよひろ》など、当時の有名な画工、絵師が出入りをしていたことから、そういった人間たちに協力を仰いだ可能性がある。また、当時の鳥屋は商売上の資料として鳥の絵を多数所有していたと言われており、鳥の絵を所有している大名や旗本も多かったことから、付き合いのあった鳥屋の主人や松前老公などの知り合いの大名や旗本に協力を依頼したのではないかと推察する。この点に関する具体的な記述は見つけていないが、ここで挙げた可能性が高いことは確かである。

なぜ、馬琴は図鑑を作ろうと思ったのか

ところで、馬琴を紹介する文章において、馬琴が本草学にもよく通じていたとする解説を読むことがある。『禽鏡』を残したことなどからそう説明されるのだろう。だが、日記や家記を熟読しても、馬琴が研究者という意識を持って本草学と向き合っていたとはあまり思えない。あくま

で馬琴は戯作者であり、『禽鏡』の製作にしても、戯作者を創作活動に向かわせる心が少し違った方向に衝動を走らせた結果、世に生み出されたもののように思えてならない。

馬琴が鳥に関心を持っていたのは確かである。だが、それはみずからの目で実際にさまざまな鳥を観察し、その実態を理解したいという類の興味ではなかった。鳥に関する他人の著作物を何冊か読み込むだけで満足するレベルの興味でしかなかったように思えてならないのだ。もっとも、人気の戯作者の立場では、何日も気ままに外を出歩いて鳥を観察する時間など、どこにもなかったこともまた事実であるのだが。

渥見覚重がどれほどの鳥を自分の目で見て描いたのかはわからない。だが、馬琴の日記から、『禽鏡』に描かれた鳥のほとんどには元絵があり、それをもとに描かれたものであることがわかる。馬琴が『禽鏡』でやりたかったのは、あちこちに存在している優れた鳥の絵を集め、きれいに分類された一つの図譜にする、ということではなかったのだろうか。それは、十分な分析能力のある人間が、強い意思をもって行わなければなし遂げられないことである。自分なら、それができると確信した馬琴が、図譜の製作に踏み切ったのではないかと思えるのである。

馬琴の生きた時代、学者や医者、大名などの間で、鳥や虫、花などの図譜が盛んに作られていた。もちろん、馬琴もそれは知っていたはずだし、実際に見たこともあったかもしれない。自分の生きた証、自分の才能の証を残したいと考えていた馬琴が、みずからも図鑑を作ることができたなら、たくさんの戯作とともに確実に長く世に残るものになるはずだと考えて『禽鏡』を作ったように思えてならないのである。

だが、だからと言って、馬琴の作った『禽鏡』に価値がない、ということはまったくない。

『禽鏡』の構成と描かれた鳥

絵師としての渥見覚重の腕は確かなもので、そこに描かれた鳥は特徴がおさえられたよい資料となっている。取り上げられた鳥の種類の多さも価値としては十分である。また、例えば、『禽鏡』に収録されているカンムリツクシガモの絵は、絶滅種の研究という点でも貴重な資料となるに違いない。

『禽鏡』に描かれた鳥の絵の多くに元となる絵があったことについても、当時の図譜の製作においては実際に入手・観察できなかった鳥は他の絵師が描いた絵をもとに描くことが一般的だったため、問題とはならないのである。

『禽鏡』では、鳥を「林鳥（一〜三）」「大鳥」「湿鳥」「水鳥」の六巻に分けて掲載している。描かれた鳥の分類については一八八・一八九ページの表8「『禽鏡』に描かれた鳥」のとおりである。その際、『禽鏡』に描かれた鳥の同定ついては、かなりの部分を『図説日本鳥名由来辞典』（柏書房、一九九三年）における菅原浩・柿澤亮三両氏の同定を参考にさせていただいた。両氏にはあらためて感謝をさせていただきたい。

『禽鏡』以外の鳥の図譜

江戸時代において、鳥と本草学《ほんぞう》に関心を持っていた人間たちが、さまざまな視点から鳥の図譜を作った。大名や旗本の手によるものは次章で解説をするため、ここでは大名・旗本以外の人々が作った鳥の図譜を簡単に紹介しよう。

中村惕斎《てきさい》『訓蒙図彙《きんもうずい》』巻十三「禽鳥」

中村惕斎（一六二九―一七〇二）が作った『訓蒙図彙』（全二十一巻）は、動植物図鑑を兼ねた百科図鑑である。『訓蒙図彙』の中で動植物を扱っているのは第十二巻から第二十巻で、鳥類は第十三巻で解説されている。『訓蒙図彙』は江戸時代をとおして人々によく読まれた本で、江戸時代のベストセラーだったことがわかっている。

小野蘭山《おのらんざん》『蘭山禽譜』『諸鳥譜』

『本草綱目啓蒙』の著者として知られる小野蘭山（一七二九―一八一〇）は、長く京都の

- ライチョウ科
  - ライチョウ
- ホロホロチョウ科
  - ホロホロチョウ(外)
- シチメンチョウ科
  - シチメンチョウ(外)
- オウム目(外)
  - オウム科
    - コバタン／オオバタン
  - インコ科
    - サトウチョウ／オオホンセイインコ
  - ヒインコ科
    - ヤクシャインコ／オトメズグロインコ
- アマツバメ目
  - アマツバメ科
    - ハリオアマツバメ
- スズメ目
  - ヤイロチョウ科
    - ヤイロチョウ
  - ヒタキ科
    - ツグミ／ハチジョウツグミ／トラツグミ／クロツグミ／ルリビタキ／コマドリ／シマゴマ／ノゴマ／コルリ／ジョウビタキ／アカヒゲ／イソヒヨドリ／マミジロ／シロハラ／キビタキ／オオルリ／サメビタキ／コサメビタキ／ウグイス／ヤブサメ／キクイタダキ／オオヨシキリ／コヨシキリ／メボソムシクイ／ムシクイ類／ガビチョウ(外)／サンコウチョウ
  - コウライウグイス科
    - コウライウグイス
  - レンジャク科
    - ヒレンジャク
  - モズ科
    - モズ／オオモズ
  - カワガラス科
    - カワガラス
  - ミソサザイ科
    - ミソサザイ
  - ヒヨドリ科
    - ヒヨドリ／シマヒヨドリ／シロガシラ(外)
  - セキレイ科
    - ハクセキレイ／キセキレイ／ビンズイ／タヒバリ
  - サンショウクイ科
    - サンショウクイ
  - イワヒバリ科
    - イワヒバリ／カヤクグリ／ヤマヒバリ
  - ヒバリ科
    - ヒバリ
  - ツバメ科
    - ツバメ
  - エナガ科
    - エナガ／シマエナガ
  - シジュウカラ科
    - シジユウカラ／コガラ／ヒガラ／ヤマガラ
  - ゴジュウカラ科
    - ゴジュウカラ
  - キバシリ科
    - キバシリ
  - メジロ科
    - チョウセンメジロ(外)／メジロ
  - ホオジロ科
    - ホオジロ／ミヤマホオジロ／アオジ／クロジ／ノジコ／オオジュリン／コジュリン／カシラダカ／シロハラホオジロ(外)
  - アトリ科
    - アトリ／カワラヒワ／ウソ／マヒワ／ベニヒワ／シメ／イスカ／ベニマシコ／ハギマシコ／ギンザンマシコ／イカル／コイカル／カナリア(外)
  - カエデチョウ科(外)
    - ブンチョウ／コシジロキンパラ(ジュウシマツ)／キンパラ／ヘキチョウ／シマキンパラ／ベニスズメ
  - チメドリ科(外)
    - ソウシチョウ
  - ハタオドリ科
    - スズメ／ニュウナイスズメ
  - ムクドリ科
    - ムクドリ／コムクドリ／ソデグロムクドリ(外)／ハッカチョウ(外)／ウスグロカラスモドキ(外)／キュウカンチョウ(外)
  - フウチョウ科(外)
    - オオフウチョウ／カンザシフウチョウ／ヒヨクドリ
  - カラス科
    - ハシブトガラス／ハシボソガラス／コクマルガラス／ホシガラス／オナガ／カケス／ミヤマカケス／カササギ(外)／ルリカケス(外)／サンジャク(外)／カラス類

注　1. (外)印は外国産の鳥、(絶)は絶滅した鳥であることを示す。
　　2. 鳥の同定にあたっては菅原浩・柿澤亮三編著『図説日本鳥名由来辞典』(柏書房、1993年)を参考にした。

表8　『禽鏡』に描かれた鳥

- カイツブリ目
  - カツブリ科
    - カイツブリ
- ミズナギドリ目
  - アホウドリ科
    - アホウドリ
- ペリカン目
  - ペリカン科
    - ハイイロペリカン(外)
  - ウ科
    - ウミウ／カワウ
- コウノトリ目
  - サギ科
    - ヨシゴイ／ゴイサギ／ダイサギ／アオサギ／チュウサギ／アマサギ
  - コウノトリ科
    - コウノトリ
  - トキ科
    - ヘラサギ／トキ
- カモ目
  - カモ科
    - オシドリ／マガモ／コガモ／ヒドリガモ／ヨシガモ／オカヨシガモ／ツクシガモ／トモエガモ／ビロードキンクロ／カンムリツクシガモ(絶)／シジュウカラガン／マガン／カリガネ／ヒシクイ／ハクガン／サカツラガン／ハクチョウ類／アヒル(外)／バリケン(アヒル)(外)／インディアンライナー(アヒル)(外)／シナガチョウ(外)
- タカ目
  - タカ科
    - オオタカ／クマタカ／トビ／ミサゴ
  - ハヤブサ科
    - ハヤブサ
- ツル目
  - ツル科
    - マナヅル
  - クイナ科
    - クイナ／ヒクイナ／バン／オオバン
  - ノガン科
    - ノガン
- チドリ目
  - レンカク科
    - レンカク
  - タマシギ科
    - タマシギ
  - ミヤコドリ科
    - ミヤコドリ
  - シギ科
    - タシギ／ヤマシギ／キアシシギ／アオアシシギ／キョウジョシギ／オバシギ
  - チドリ科
    - ムナグロ／メダイチドリ／タゲリ
  - カモメ科
    - アジサシ／コアジサシ／クロアジサシ
  - ウミスズメ科
    - ウミスズメ／ウトウ／エトピリカ
- ハト目
  - ハト科
    - ドバト／キジバト／アオバト／ジュズカケバト(外)／キンバト(外)／ギンバト(外)／カラスバト(外)／クジャクバト(外)／カノコバト(外)／チョウショウバト(外)／カンムリバト(外)
  - サケイ科
    - サケイ(外)
- カッコウ目
  - カッコウ科
    - ホトトギス／カッコウ／ツツドリ／ジュウイチ
- フクロウ目
  - フクロウ科
    - オオコノハズク／アオバズク／フクロウ類
- ヨタカ目
  - ヨタカ科
    - ヨタカ
- ブッポウソウ目
  - ブッポウソウ科
    - ブッポウソウ
  - カワセミ科
    - ヤマセミ／カワセミ／アカショウビン
  - ヤツガシラ科
    - ヤツガシラ(外)
- キツツキ目
  - キツツキ科
    - コゲラ／アカゲラ／オオアカゲラ／アオゲラ／アリスイ
- キジ目
  - キジ科
    - ウズラ／ジドリ(鶏)／ウコッケイ(鶏)(外)／チャボ(鶏)(外)／コジュケイ／キジ／ヤマドリ／コウライキジ(外)／コモンシャコ(外)／ヒオドシジュケイ(外)／キンケイ(外)／ハッカン(外)／マクジャク(外)

地で本草学、植物学の研究とその講義をしていたが、幕府にその才を求められ、七十一歳の年に江戸へとやってくる。彼を呼んだのは、鳥の解説書『観文禽譜』の著者でもある若年寄堀田正敦《ほったまさあつ》である。小野蘭山は『蘭山禽譜』と呼ばれる鳥の図譜を編纂《へんさん》したほか、みずからも筆を持って『諸鳥譜』を描いた。『図説日本鳥名由来辞典』の菅原浩・柿澤亮三両氏の解説によると、『諸鳥譜』に描かれた鳥は清の余曾三の『百鳥図』に描かれた鳥のうちの約半分を模写したものであるという。

水谷豊文《みずたにとよぶみ》『水谷禽譜』

尾張《おわり》出身の本草学者の中で最も優れた人物と評されるのが水谷豊文（一七七九―一八三三）である。小野蘭山の弟子でもあった彼は、特に植物に詳しく、二十七歳の時に尾張藩の御薬園御用となっている。その豊文が編纂したのが『水谷禽譜』である。

江戸の人々と動物

江戸時代の人と動物との関わり

江戸時代の動物愛玩《あいがん》について、その実態を広く理解するために、鳥以外の動物のことにも少し触れておきたい。

鳥以外にどんなペットが飼われていたか

江戸時代は愛玩物として動物を飼うことが庶民の間にも広まっていった時代である。このころになると動物の飼育や愛玩が、上流階級だけの特権的な趣味という色合いは、もはや見えない。上流階級と庶民の間には、相互に関係を持ちつつもそれぞれに異なる文化が存在し、ともに主役を演じていたものの、数の上での主体はすでに庶民へと移っていたのである。これを日本における本当の意味での最初のペットブームととらえることができる。

この時代に愛玩された小動物としては、鳥類のほかに金魚やハツカネズミを挙げることができる。また、犬や猫の飼育も庶民の間に大きく広がっていった。夏場の安価な楽しみとして、鳴き声を楽しむ昆虫の飼育も行われていた。

二百六十年という年月は、ペットという存在が庶民の生活の中に溶け込むのに十分な時間だったようだ。それは少しずつ、だが確実に浸透していった。それ以前の時代に比べて文明化が進み、仕事の効率化も行われつつあったこの時代には、生活する人々の心の中にも趣味に割く時間や気持ちのゆとりができはじめていたのだろう。また、与えられた環境の中で限りある人生を楽しもうとした人たちも相当数おり、そういった人々がブームを支えていたに違いない。

そうした精神面での文化に加えて、愛玩の対象となるものの大量飼養、すなわち意図的な生産が行われるようになったこともブームを支える大きな柱となっていたようだ。

スズムシなど鳴く虫の人工飼育の成功は、決まった時期に安定した供給を可能とした。また、飼育技術の向上によって状態のよい虫の販売ができるようになった。それは金魚についても同様だった。より高い利益を得るために、業者は高く売れるもの、人気のあるものに重点を置いた生産を行い、愛好者に供給したのである。その過程で見目の美しい品種の開発や、病気に強い品種への改良にも力を注いでいった結果、現在見られるようなさまざまな品種が生み出されるに至ったのである。

さて、まずは最も古くから人間の生活の中にとけ込んでいた動物、犬から考えてみたい。

犬と矮狗

日本における犬の歴史は縄文時代に始まる。この時代、すでに人と共に暮らしていた痕跡が発見されており、その後、犬は狩猟用および番犬として飼われる一方で、人間の食料となったり鷹の餌にする目的でも飼育されてきた。

江戸時代になると狆《ちん》に代表される小型犬種の飼育が大名の間で流行し、しばらくして庶民の間にも広がっていった。「ちん」という名前はかなり古くから使われていたが、当初は今で言うところの狆を意味するものではなく、小型の犬全般を指す言葉だったようである。

『嬉遊笑覧』には推量であるがと断った上で「犬に似て小きもの故チイといひしがチンとなりにしや」とあり、また滝沢馬琴は家記『吾仏乃記《あがほとけのき》』の中で、伴蒿蹊《ばんこうけい》の随筆『閑田《かんでん》耕筆《こうひつ》』からの引用として、「和名ちぬは『ちひさいぬ』の略語也」と解説している。

家記の中で馬琴がちんについて解説を行なっているのは、「矮狗《わいく》」すなわち「ちん」が馬琴の家でも飼育されていたためである。家記によれば、寛政十年（一七九八）のころに「鹿骨」という名前の雌の矮狗を飼っていたが、その二、三年後、どうしてもと人に請われて譲ってしまったという。

その後、しばらく犬を飼うことはなかったが、文化《ぶんか》十年（一八一三）になって小鳥とともに再び矮狗を飼い始める。気に入らないものや飽きたものは売るが、また新たな犬を買い求めたりもしたため、滝沢家には常に七、八頭の矮狗がいたと家記には記されている。

だが、しばらくすると矮狗の飼い方も一通り理解できたと満足した馬琴は、一頭の雌犬を除き、残りはすべて鳥とともに売り払ってしまう。残したのは、自宅で生まれた「ヤナ」という雌の矮狗だった。ヤナという名前はその両親からそれぞれ一字をもらって付けられた名前で、父犬はヤツコ、母犬はナツという名前だったという。

このような形で両親から名前の文字をもらうのは、人間を真似た命名法である。愛玩している動物に対し、こういう形で名前を付けるのが当時流行していたかどうかはわからない。だが、「ヤナ」という音の響きから、血筋というものを重く考えていた馬琴らしさを感じ取ることができる。

犬の飼育書

さまざまな動物の飼育書が作られていた江戸時代には、もちろん犬に関する飼育書も存在していた。矮狗に代表される小型の犬種については『狆飼養書』という専門の飼育書もあったが、当時の犬の飼育書の中で、特に注目したいのが犬全般についての飼い方を記した『犬狗養畜伝《けんくようちくでん》』という小冊子の存在である。

『犬狗養畜伝』は、犬を飼う人間の心構えから始まり、犬の病気や怪我の手当ての方法、与える薬のこと、また犬に噛まれた人間の治療方法などが順序立ててまとめられており、きわめて実用的な本という印象を受ける。とりわけ初めて犬を飼う人間には役に立ちそうな本である。記述には『和漢三才図会《わかんさんさいずえ》』からの借り物も多く見られるが、他の書物などから得られた情報もあり、そうしたさまざまな情報に私見も交えて、上手《うま》く編集がしてある。

だが、この本の最大の特徴は内容もさることながら、その製作過程および配布方法にあった。実はこの本は、通常の出版物ではなかったのだ。『犬狗養畜伝』は、犬の薬などを販売していた本の著者が宣伝および販売促進のために作った、今でいう自費出版本だったのである。この本の著者である浪速《なにわ》の商人、暁《あかつきの》鐘成《かねなり》は著述家でもあり、さまざまな分野の本を四十冊近くも出版している人物だった。本を書く技術を十分に持っていた著者が、その技術を商いにも生かそうと考え、作り上げた本だったのである。

商品を買ってもらいたい相手に対し、有益な周辺情報と、どのような場合においてこの商品が有効なのかをまとめた小冊子を作って渡すというのは、きわめて現代的な商売方法である。この冊子に、浪速の商魂がこの時代にも強く息づいていたという一つの証拠を見た気がする。

ところで、当時の大坂、広くは日本では、こういう本を作って販売促進をするに見合うだけの犬が飼われていたのだろうか。

答えは、イエス、である。

『犬狗養畜伝』（『日本農書全集』第六十巻、農山漁村文化協会、一九九六年）の解題において分析を行なった白水完児《しらみずかんじ》氏は、元禄《げんろく》時代の江戸の捨て犬収容所の収容頭数から、江戸および大坂では飼い犬に野良犬の数を加えると、そこに住む庶民の数に匹敵するほどの犬がいたと推測している。

当時の庶民の数は江戸で約五十万人、大坂で三十五万人前後と考えられている。そこまで犬の数が多かったかどうかはわからないが、さまざまな状況証拠から、放し飼いにされ、複数の人間によって共同で飼育されていた犬を含めると、江戸で十五万頭以上、大坂で十万頭前後かそれ以上の犬が飼われていたのはどうやら間違いなさそうである。

ハツカネズミは古くは「甘口ネズミ」(アマクチネズミ)と呼ばれていたという。それを誰かが「廿日ネズミ」(ハツカネズミ)と誤写し、いつしかその名前が定着してしまったという説がある。これに対し、ハツカネズミは二十日ほどで成長し、その後もいわゆるネズミ算式に増えていくためにハツカネズミという名が付けられたと主張する者もいる。どちらもありえそうな話である。

ハツカネズミのブーム

昭和の半ばにもブームがあったハツカネズミは、江戸時代においても人気のペットの一つだった。ハツカネズミ系のネズミには国内産のほかにも種類があり、江戸時代には海外産のコマネズミ(ナンキンネズミ)も輸入されていた。当時、よく飼われていたのはこのコマネズミの方である。

江戸時代のハツカネズミ専門書『珍翫鼠育草《ちんがんそだてぐさ》』によると、コマネズミが日本に初めて輸入されたのは承応《じょうおう》三年(一六五四)のことだという。その後、京坂地方を中心にこれを愛玩する流行がおこり、ついには飼育の解説書が発刊されるまでになる。そうして世に生み出されたのが、『珍翫鼠育草』だった。

ハツカネズミの飼育が始まった当初は、毛が白く目の赤いものばかりだったが、この本が発刊された天明《てんめい》七年(一七八七)ころには、突然変異による色変わりが現れ、それらを掛け合わせることでさまざまなタイプのネズミが生み出されていた。

『珍翫鼠育草』においては、ネズミの品種を挿絵付きで解説しているほか、互いを掛け合わせるとどういう子が取れるかという、今でいう遺伝情報まで掲載されていた。

おそらく当時のハツカネズミの愛好者たちは、この本をもとに色変わりのネズミを作り出して楽しんでいたのだろう。成長が早く妊娠期間の短いハツカネズミは、そうした楽しみを得るのに最適だったと推測できる。

なお、「コマネズミ」という名前は、車輪状の筒の中に入ってはコマのように回す姿か

図19　ハツカネズミ（『珍翫鼠育草』より）

ら付けられた名前だという。江戸時代人にとってコマネズミは、さしずめ現在のハムスターのような存在だったのだろう。

金魚の飼育

寛延《かんえん》元年（一七四八）に出版された金魚飼育の専門書『金魚養玩草《きんぎょそだてぐさ》』によると、金魚が初めて日本に持ち込まれたのは室町時代の文亀《ぶんき》二年（一五〇二）のことだという。だが、十六世紀から十七世紀前半にかけては、金魚はまだ珍しく、江戸城で将軍徳川家光《いえみつ》が飼育していたという記録はあるものの、庶民が金魚の姿を目にする機会はほとんどなかった。

金魚の存在が世に広く知られるようになったのは、十七世紀も半ばを過ぎてからである。ほどなくして「金魚屋」が江戸の町に出現する。さらには、『四季人物』（歌川広重《うたがわひろしげ》）の「金魚売り」の絵のような行商の者や、金魚の餌となるボウフラを専門に商う者が現れるようになった。

安達喜之《あだちよしゆき》による『金魚養玩草』は金魚熱が武士から庶民まで広く拡散していく中、時代の要望を受ける形で書かれた本である。この本が出版されると金魚の人気はさらに高まり、浮世絵のモチーフに使われるなど、江戸の暮らしの中に浸透していった。浮世絵の作品としては、金魚をおもしろおかしく擬人化した歌川国芳《くによし》の『金魚づくし』が特に有名である。

金魚の三大生産地の一つである奈良県大和郡山市《やまとこおりやま》は、江戸時代中期にすでに商業ベースでの金魚の生産を行なっていたことがわかっている。一説によると甲斐《かい》の国から配置換えによりやってきた柳沢吉里《やなぎさわよしさと》が産業振興の一貫として金魚の飼育を奨励したことがそのおこりと言われているが、ほかにも説があり事実ははっきりしない。だが、いずれにせよ、この土地が江戸時代最大の金魚の生産地の一つだったことは間違いなく、ここから各地の町や都市部に向けて金魚の出荷・発送が行われていたのである。

馬琴も庭の池や鉢で金魚を飼っていたが、彼が飼っていた金魚もおそらくは、どこかの産地で生産された後、江戸へと運ばれたものだったのだろう。

見世物や客引きに使われた動物

さまざまな娯楽が大衆化していった江戸時代は、歌舞伎や芝居に代表される「観る」娯楽が大きく発展した時代でもある。当時の人々の人気を博したそんな娯楽の一つに「見世物」があった。見世物は、面白いものが見たい、変わったものが見たいという欲求を安価で満たしてくれる娯楽の代表的な存在だった。

見世物は大きく分けて、手品や軽業《かるわざ》などの技を見せるもの、珍しい動物や異形《いぎょう》のものを見せるもの、からくり人形などの細工を見せるものの三種類があった。見世物小屋が立てられた場所としては、江戸では両国《りょうごく》と浅草、京都では四条河原《しじょうがわら》が有名だった。

動物がいろいろと見世物にされる中、見世物にされた鳥として最初に書物に登場するのがクジャクである。寛永《かんえい》二十年（一六四三）に出版された『油加須《あぶらかす》』という本に「孔雀つかい」の記述があることが『嬉遊笑覧《きゆうしょうらん》』巻十二に紹介されているが、朝倉無声《あさくらむせい》の『見世物研究』によると、寛永年間（一六二四―四四）に孔雀つかいの興行が行われた場所は京都の四条河原だったという。江戸で孔雀つかいを見ることができたのは、それから二十数年後の寛文《かんぶん》年間（一六六一―七三）だった。

「生類憐《しょうるいあわれ》みの令」のころはさすがに興行が控えられたが、その後は鳥類ではインコやオウム、クジャク、ヒクイドリ、キンケイなどが見世物にかかった。哺乳類では、ヤマアラシ、オオカミ、トラ、ヒョウ、ヒトコブラクダ、アザラシ、インドゾウなどの外国産の動物が見世物にされたという。

だが、この時代において、珍しい動物で客を集めたのは、こうした本場の見世物だけではなかった。敷地内に置かれた珍しい鳥や植物を訪れた客に見せるという「付加価値」を売りに、客を集める茶屋も現れたのである。そういった茶屋は一般に「孔雀《くじゃく》茶屋」と呼ばれ、江戸においては「花鳥茶屋」と呼ばれた。

図20　孔雀茶店（『摂津名所図会』二より）

「孔雀茶屋」は大坂、京都、名古屋にあったことがわかっているが、中でもよく知られていたのが『摂津名所図会《せっつめいしょずえ》』巻之二に描かれた大坂の「孔雀茶店」だろう。『摂津名所図会』には所在地についての詳しい場所は記されていないが、『浪華《なにわ》百《ひゃく》事《じ》談《だん》』によると、孔雀茶店は「下寺町筋御蔵跡町の通りの北西角、則ち万福寺という寺院の西対」にあったという。

京都は祇園にあり、享和《きょうわ》二年（一八〇二）に京坂を旅した馬琴もこの孔雀茶屋に立ち寄っている。この旅のことが書かれた『羇旅漫録《きりょまんろく》』（享和二年）によると、名古屋は若宮八幡前に孔雀茶屋があったという。なお、『浪華百事談』によると、京都では祇園の他に清水寺の前にも同様の店があったようである。一方、江戸では、下谷《したや》広徳寺、上野、浅草に美しい花と珍しい鳥で人をもてなす「花鳥茶屋」があったことがわかっている。

ところで花鳥茶屋や孔雀茶屋は、茶屋という名前で呼ばれてはいたが、実質的には動物園や動物が見られるテーマパークのような存在だった。それゆえ、この時代の花鳥茶屋や孔雀茶屋を、日本における動物園や植物園のルーツの一つと考えることもできる。

動物の魂

さて、生き物との暮らしにおいて、どうしても避けられないのがその死である。動物の寿命は一般に人間よりも短く、愛玩した動物の場合、結果として飼い主がその死を見取ることが多い。

動物の死、動物の魂というものについて、日本人は独特の感覚を持っていて、しばしば他国の宗教者を戸惑わせてきた。例えばキリスト教では、人間には魂の存在を認めるが、人間以外の動物には魂の存在を認めていないのが普通である。だが、キリスト教を信仰している日本人であっても、愛を注ぎ、家庭という同じ空間で生活してきた犬や猫などに魂の存在を感じ、死後に鎮魂《ちんこん》のミサを求めることがあるという。

どこか仏教的とも感じるが、仏教が教える宗教観とも微妙に異なっているようだ。それは動物園における動物の慰霊において鮮明となる。日本の約半数の動物園には死んだ動物に対する慰霊の碑があり、定期的に慰霊祭を執り行うところも少なくない。実際に動物の骨が埋められているわけではないが、供養《くよう》したいという気持ちは十分に伝わってくる。

欧米の動物園や水族館に慰霊碑が存在しないのは宗教観から言っても不思議なことではないが、熱心な仏教国であるタイでもそういった慰霊碑のようなものは見ることがないという。

仏教はその浸透の過程において、土着の宗教と結び付き、その国や地域ごとに独自の発展を遂げてきた。日本においては、あらゆるものにカミ（もしくは精霊《せいれい》）が宿るという精霊信仰を否定することなく、仏教の教えと共鳴するものはその中に取り入れる形で今日まで続いてきたと言える。あらゆる生き物に魂が宿るとした日本的な考えは、仏教が教える慈悲の心とよく馴染《なじ》んだのだろう。

そうした愛玩した動物の霊を慰める行為は、ごく自然なこととして江戸時代においても行われていたようである。先に、馬琴の家で飼われていたヤナという名の矮狗《ちん》のことを紹介したが、この犬が九歳で死んだ時、ヤナを嫌っていたはずの息子、興継《おきつぐ》がその死をかわいそうに思い、遺骸を火消し壺におさめて深光寺へと赴き、墓所の垣根のあたりに埋めた

という エピソードが『吾仏乃記』の中に残されている。また、その当日、馬琴が詠《よ》んだという詩も同書には遺《のこ》されている。

この詩のことを「戯嗤歌」と卑下するような書き方をしながらも、のちのちまで遺る家記に明確にそれを残したところに、深い心の奥底にあった馬琴の愛情が感じられる。

馬琴が遺した歌を、ここに紹介したい。

九《ここ》とせつなぎしちぬ（矮狗）の無慚《むざん》やなけふぷつりんときるる玉の緒
ぬす人をふせぎしちぬも長き夜のねぶりはつひにさめずなりけり

ぷつんと音を立てて肉体から離れていくように消える命（魂）の火。盗人には勝てても病や老いには勝てなかった「ちぬ」。短い言葉が心に響く。馬琴の哀悼《あいとう》の意が伝わってくるようである。

馬琴の家では飼っていた鳥も何羽も死んでいるが、歌を詠むなど、ここまで心を砕いた表現は見られない。また、死骸が埋葬されたのも、犬が寺の敷地内であったのに対して、死んだカナリアの雛は「むらに申付《もうしつけ》、はき溜の脇に埋めさせ畢《おわんぬ》」（文政《ぶんせい》十年五月十一日）とあるとおり、庭のごみ捨て場のそばだったようだ。やはり当時も、犬や猫などの獣類と鳥類では、その死に対して感じ方の違いがあったように思われる。

カラスのおこした事件

最後に、江戸時代にカラスが引き起こした事件について触れてみたい。

カラスはよく遊びをする鳥である。また、道具を使って餌を得るものがいることも知られている。それはすなわち、鳥の中でもずば抜けて頭がよいという証明でもある。現代において東京をはじめとする都市がカラスの害で頭を悩ませつつも、その数をなかなか減らすことができないのも彼らの知性の高さが大きく影響している。

器用に道具を使って餌を捕ることが知られているのがニューカレドニアカラス。彼らには効率よく餌を捕るために最適な道具を選びだす能力もある。利用する単純な道具は自作のもので、幼鳥は大人の行動を見て道具の選び方や餌の捕り方を学習するという。

一方、日本のカラスは道具こそ作らないが、人間が作ったものを利用して餌をせしめるものがいる。クルミの実を自動車に轢《ひ》かせて割り、中身を食べるカラスが仙台にいる。また、北海道の海岸地方では、貝類をくわえて上空に舞い上がり、固いコンクリートの地面や石の上に落として割って食べるという行為が広い範囲にわたって観察されるという。

そんなカラスには、光り物や気に入ったものを集める習性と並んで、「貯食《ちょしょく》」という習性がある。

平成八年（一九九六年）に東海道線のレールにカラスが置き石をするという事件があったが、これもカラスの貯食行動の一環だったたと考えられている。領域内に人が侵入することが少ない線路は貯食をするには最適の場所であり、敷石の間に餌を隠すにあたり、餌の上に石を置いてカムフラージュや重しにするのだという。その際、線路の上に「ちょっと」石を仮置きさせてもらうということもしていたらしい。比較的最近になって、千葉県松戸市の幼稚園の手洗い場からカラス（ハシブトガラス）が頻繁に石鹼を盗むという事件があったが、これも貯食行動の一環だった。

そしてなんと、カラスは火のついたロウソクまで盗んだのである。平成十四年十一月二日の『京都新聞』によると、京都市伏見《ふしみ》区の伏見稲荷《いなり》の境内《けいだい》で同十一年春からぼや騒ぎが続いていたが、設置されたビデオカメラによる詳しい調査の結果、カラスが火のついたロウソクを落ち葉の中に隠したことが原因であることがわかった。つきとめたのは東京大学大学院の樋口広芳教授（鳥類生態学）で、カラスがロウソクを隠そうとしたのは松戸の石鹼盗難事件と同様にロウソクに含まれる油分を欲しての行動だったと推測している。

直接触れなければ火はそれほど危険なものではないと、カラスは簡単に学習することができる。伏見の事件もある意味、その習性とともに、カラスの知性の高さが引き起こした事件であると言えそうである。そしてそんな事件は、日本のどこでも起こりうるものと考えることができる。

さて、ここで江戸時代に話を戻そう。

江戸や大坂、京都といった町では当時、火事が頻繁に起こっていた。幕府はさまざまな防火対策を打ち出したが、火事がなくなることはなかった。火事の原因はさまざまだが、そのすべてが人間の過失や故意の火付けによるものではなかったらしい。どうやら現代と似たような形でカラスが引き起こした火事もあったようなのである。

安政《あんせい》四年（一八五七）に出版された菅茶山《かんちゃざん》の随筆『筆のすさび』には、「烏の巣より火出る事」という題名で次のような文章が掲載されている。

烏の巣より火出ることあり。或《あるい》は野にある焼土などの、たきさしの竹木《たけぎ》をくはへ来《きた》りて、屋上に落とすことあり。「筑前には、村落の近きあたりに巣をつくらんとするをば、必ず追ちらせよと、胥吏《しょり》より触《ふれ》知らせることあり」と、竹田器甫《たけだきほ》が話也《なり》。

現代語に訳すとこうである。

カラスの巣から火が出ることがある。そのほか、野焼きや山火事で燃え残った（まだくすぶっている）竹や木をくちばしにくわえて飛んできて、人家の上に落としていくこともある。弟子の竹田器甫によると、「筑前地方では、村落の近くにカラスが巣を作ろうとしていたら（火事の危険があるので）必ず追い払うようにと、下級役人から通達されることがある」とのことである。

カラスが起こした事件は過去にもいろいろあったことを推察させる記述である。

国松俊秀氏は著書の『鳥の博物誌』（河出書房新社、二〇〇一年）の中でカラスに触れ、カラスの鳴き方にまつわる俗信を紹介している。それによると北海道、宮城、福島、茨城、千葉、山梨、そして沖縄の八重山地方には、「夜、カラスが鳴くと火事が起きる」という言い伝えがあるという。

カラスが実際に引き起こしたボヤの事件や江戸の随筆を見ると、これらの土地の言い伝えにも、現代まで残されるだけのそれなりの根拠があったのかもしれないと思えてくる。

江戸城で飼われていた鳥

もう一つの飼い鳥文化

これまで庶民と鳥との関わりを中心に江戸時代の飼い鳥文化を紹介してきたが、同じ時代、大名や旗本の間には、庶民のそれとは実態の異なる飼い鳥文化が存在していた。

大名籠と呼ばれる美麗な籠にインコなどの珍しい鳥を入れ、その声や姿を楽しむ大名の姿は、時代劇などでもときおり目にすることから、ある意味、こちらの方がよく知られているものかもしれない。だが、大名や旗本の間に存在した文化は、時代劇のイメージにとどまるものではなかった。

珍しい鳥を手に入れては互いに自慢し合う。手に入れた鳥を図譜《ずふ》に描かせ、私蔵する。

クジャクやヒクイドリなど大型の鳥を、屋敷や城の庭に放し飼いにする。当時の支配階層の間では、そんなことも行われていたのである。楽しみを見いだす対象や楽しみ方が人それぞれであるように、大名たちの飼い鳥趣味もまた実にさまざまだった。

純粋に鳥を愛した大名がいる一方で、今で言うところのコレクターとして、珍しい鳥を蒐《しゅうしゅう》集することと自体に楽しみを見いだした人間もいた。本草学《ほんぞうがく》に関心を持って国内外の鳥類の研究をするために鳥を求めた者もいた。その興味の対象や考え方に沿って、さまざまな形での鳥との関わりがあったのである。

鳥そのものに強く心をひかれていた大名の一人に薩摩藩の島津重豪《しげひで》（一七四五―一八三三）がいた。蘭学や本草学にも深い関心を持っていた島津重豪が『鳥名便覧《ちょうめいべんらん》』という鳥の解説書を遺したのは先に述べたとおりである。

珍しい鳥を集めさせ、鳥に囲まれた生活をしていた重豪だったが、飼っていた鳥に対する愛情は人一倍強かったようだ。彼が隠居《いんきょ》後に暮らした蓬山園《ほうざんえん》においては、鳥を供養《くよう》するための塚も建てられ、死んだ鳥はそこに丁寧に葬られたという逸話も残されている。

なお、島津重豪はお抱えの絵師に鳥の絵を描かせ、鳥の図譜を作ったことでも知られている。このうちの一つ『鳥類写生図』は、現在、山階《やましな》鳥類研究所に収蔵されているが、国

図21　『薩摩鳥譜図巻』に描かれた鳥の絵

会図書館収蔵の作者不明の鳥類図譜『薩摩鳥譜図巻』もまた、島津重豪によって作られたもの（の写本）である可能性が指摘されている。

同じように鳥類の図譜を作成した大名の中で、特にその功績が評価されている人物に、寛政の改革の時期に幕府の若年寄をつとめた堀田《ほった》正敦《まさあつ》（一七五八―一八三二）がいる。下野《しもつけ》佐野藩の藩主だった堀田正敦が作らせた『禽譜』（一般に『堀田禽譜』と呼ばれる）は、研究者をして「解説付きの鳥類図譜として第一級のもの」と言わしめる図譜である。

国会図書館に収蔵されている『堀田禽譜』は大型の画帖六冊と小型の画帖四冊

からなり、正確に描かれた鳥の絵に的確な解説が付記されたものとなっている。『堀田禽譜』における鳥の分類は、「水禽」「山禽」「林禽」「原禽」という形になっているが、これは明の李時珍《りじちん》の『本草綱目』（一五九六年）に連なる本草書の鳥の分類方法を踏襲《とうしゅう》したものである。江戸時代に作られた図譜は鳥の分類がなされていないものや、あっても編者独自の分類となっているものが多い中、『堀田禽譜』のこの意図的な分類からは堀田正敦が本草学に対して持っていた強い研究心を感じ取ることができる。なお、堀田正敦は『堀田禽譜』の他に『観文禽譜』という鳥の解説書も書き残しており、こちらも評価の高い資料となっている。

一方、みずから絵筆を持ち、いくつもの優れた図譜を残したのが、江戸の三百石《こく》取りの旗本、毛利梅園《もうりばいえん》（一八一五—八二）である。本草学者であり、本草画家でもあった梅園が遺した鳥の図譜は『梅園禽譜』として知られている。『梅園禽譜』には日本産の鳥を中心に百種を超える鳥が描かれているが、ショウジョウインコ、キバタン、オオハナインコ、オオフウチョウなど外国産の鳥の絵十数点も、そこに見つけることができる。

毛利梅園は『梅園禽譜』のほかに、『梅園魚譜』『梅園介譜』『梅園菌譜』『梅園草木花譜』などの図譜を作ったが、このうち魚類や鯨が描かれた『梅園魚譜』は、人魚が描かれている図譜としても知られているものである。

この他本草学に造詣《ぞうけい》が深く、鳥の図譜を描いた大名としては、讃岐《さぬき》高松藩藩主の松平頼恭《よりたか》（一七一一―七一）、伊勢長島藩藩主の増山正賢《ますやままさかた》（雪斎、一七五四―一八一九）などを挙げることができる。彼らが作った鳥譜はそれぞれ『衆禽図』『百鳥図』の名で知られている。

日本にやってきた鳥

前章において日本に輸入された可能性のある鳥を簡単に紹介したが、実際はその何倍もの種類の鳥が輸入されていた。その実態は、長崎に上陸した鳥を写生した『唐蘭船持渡鳥獣之図』や『外国産鳥之図』のほか、公式な記録文書である『唐通事会所日録《とうつうじかいしょにちろく》』などから知ることができる。

先の二つの資料について詳しい解説を行なっている『舶来鳥獣図誌』（内田康夫・磯野直秀解説、八坂書房、一九九二年）によると、アジア・オセアニア産の鳥のほか、ベネズエラ産と見られるキボウシインコやメキシコ産のオオキボウシインコ、アフリカの赤道付近が棲息地《せいそく》であるヨウム、同じくアフリカ産のホロホロチョウなどが、はるばる海を越えて日本へと運ばれていたらしい。

長崎に到着した鳥獣を記録として絵に写し残したのは、長崎奉行所に仕える唐絵目利《からえめきき》と呼ばれる人々である。描かれた絵はまず幕府の人間によって確認され、欲しいものがあれば公儀で御買上げとなった。幕府が不要と判断した鳥は、鳥商などの手を経て大名や旗本に買われ、さらにその一部は見世物師に買われたり、江戸や大坂といった大都市の鳥屋で販売されたりしたようだ。

日本に持ち込まれた鳥獣の記録は十八世紀から十九世紀に増える傾向があるが、十七世紀において鳥や獣が輸入されていなかったわけではなかった。例えば水戸徳川家の徳川光《みつ》圀《くに》（水戸黄門）が隠居していた西山荘《せいざんそう》において多数の鳥獣の飼育をしていたことは、光圀の没後にその生涯が綴られた『桃源遺事《とうげんいじ》』の記録にもあるとおりである。

『桃源遺事』に名前を記された鳥類は、クジャク、セイラン、ハッカン、カササギ、キンケイ、シナガチョウ、シマヒヨドリ、ハッカチョウ、キンバト、ベニスズメ、コウライキジ、サトウチョウ、オウム（タイハクもしくはオオバタン）、五色鸚哥《ごしきいんこ》（ゴシキセイガイインコ?）などで、並んで記載されている獣の項には唐猿や豪猪《やまあらし》、霊猫（ジャコウネコ？）などの名前も見ることができる。

光圀は、このような数多くの鳥獣を「生類憐《しょうるいあわれ》みの令」の時代に将軍の意思に背く形で飼育していたわけだが、これらはやはり長崎を通して手に入れたものだったという。

長崎に上陸した鳥のうち、幕府が買上げたものは江戸へと運ばれた。それらは江戸城の城内で飼われたり、臣下の者に譲り渡されたりした。クジャクやヒクイドリなど大型の鳥の中には、江戸城の庭で放し飼いにされたものもいたという。

江戸城にあった鳥小屋

江戸城でたくさんの鳥が飼育されていたことを示す証拠はいくつかあるが、その最大の証拠となるのが城内複数の場所にあった鳥小屋・鳥籠だろう。

例えば、吹上《ふきあげ》の庭の御成門《おなりもん》の近くに複数の鳥小屋が立てられていたことが『史料徳川幕府の制度』（小野清著・高柳金芳校注、新人物往来社、一九六八年）添付の「江戸城吹上御庭全図」などからわかる。当時、吹上の庭を管理していた吹上奉行の下に「鳥方」という役職があり、鳥の世話をする役目の者がいたことも一般に知られているとおりである。

このほか、『江戸城』（村井益男著、中公新書、一九六四年）に掲載された「本丸御殿中奥間取図」から、江戸城中奥の西のはずれ、物見のすぐそばに鳥籠が置かれていたことがわかる。菅原浩・柿澤亮三両氏によると、大奥の庭にも大規模な鳥蔵（鳥小屋）が作られており、同じ大奥の西の庭には鳩小屋も作られていたという（「東京国立博物館保管の「鳩小禽等図」について」『MUSEUM』四七八）。

江戸時代には海外産の珍しい鳥とともに色変りの鳥や斑替りの鳥が珍重されたが、そういった鳥が捕獲されると城主や幕府に献上されることが多かった。また、幕府が鎖国を決めるまではカンボジアやシャムから友好の証としてインコやクジャクが贈られていたり、鎖国後もオランダ人カピタンなどから幕府に海外の珍鳥が贈られるなど、江戸城に持ち込まれた鳥はかなりの数にのぼっていたようである。

さまざまな人の手によって幕府に献上された鳥の記録は、絵の形でも遺っている。東京国立博物館には『鳩小禽等図《はとしようきんとうず》』という図譜が収められているが、これは江戸時代末期に江戸城で飼われていた鳩と小鳥の絵図で、将軍（十一代、十二代）から鳥を拝領した人物（おそらく大名）が記録として残したものと考えられている（菅原・柿澤前掲書）。『鳩小禽等図』は二百九十四枚の絵からなるが、このうちの百六十四枚は鳩（主にドバトで、クジャクバト、キジバトが数枚含まれる）で、それぞれに優美な名前が付けられている。ここに描かれた鳩は変わった模様の羽を持ったものが多く、このため絵は鳥を左右から見た二枚が組となっているものが多い。

残りの小禽もほとんどが色変りのもので、ノーマルな羽色の鳥は海外から持ち込まれた鳥を除きわずかである。『鳩小禽等図』に描かれた色替りの鳥には、スズメ、ヒヨドリ、ホオジロ、ウソ、ウズラ、ヤマガラ、シジュウカラ、アトリ、アオジ、シロハラ、カワラヒワ、ノジコ、ハクセキレイ、イスカ、イカル、ツグミ、ビンズイ、ホオアカ、ジョウビタキ、シマゴマなどがいる。また、輸入鳥としては、コウライウグイス、カナリア、ルリカケスなどの姿をそこに見つけることができる。

城内の複数の場所にあった鳥籠や鳥小屋、江戸に送られた鳥、遺された絵図などから、大名や旗本の鳥の飼育趣味において、将軍および江戸城が大きな役割を果たしていたと考えることができる。おそらくは、江戸城で飼われている鳥を見て、鳥の飼育に関心を持った大名もいたに違いない。また、将軍から何かの際に鳥を拝領した大名や旗本も、それなりの数がいたことだろう。

この時代において、江戸城で目にした鳥や拝領した鳥がきっかけとなったり、そこで会った他藩の者から勧められたことがきっかけとなって鳥の飼育を始めた大名・旗本がいたとしても、決しておかしなことではないのである。

あとがき

江戸時代の日本には、豊かな飼い鳥文化が存在していた。

それは庶民から大名・将軍にいたるまで広い層に支持されたもので、現代の飼い鳥文化に直接つながるものだった。昭和の一時期、日本が毎年数十万羽もの小鳥を海外に送り出していた鳥の輸出大国であったことや、現在も中国に次いで世界第二位の飼い鳥人口を持っていることも、そうした過去の遺産があったがゆえのことである。

だが、史料をじっくり調べていくと、江戸時代の飼い鳥文化もこの時代においてすべてが一から始まったわけではなく、それ以前の数百年という時間の積み重ねの中で成長してきたものであることがわかった。現代の飼い鳥文化がさまざまな点で江戸の飼い鳥文化の影響を受けてきたように、江戸時代の飼い鳥文化も室町時代やそれ以前の時代の文化の影響を受けて発展してきたのである。

今回、江戸時代のことを調べてみてわかったのが、鳥の飼育文化の確立において室町時代が果たした役割がかなり大きかったということである。餌の選択や製作、ウグイスやウズラといった主要な鳥の飼育技術の確立、鳥の販売などについて、室町時代においてその基礎が築かれたのは間違いないと思われるのだ。しかしながら、この時代の飼い鳥事情は不明なことばかりで、室町幕府の将軍の中で鳥を飼っていた人間がどれくらいいたのか、またそれはどういった形の飼育だったのかといったことすら、ほとんど明らかになっていない。

日本における飼い鳥文化の流れをより確実に把握するためには、室町時代のことをさらに調べる必要がありそうである。この時代の状況を摑《つか》み、理解することで、現在の飼い鳥文化の源流へといたる細い流れを見つけられるにちがいない。

だが、だからといって、何の手がかりもなく室町時代の文献にあたってみても、労ばかりが多くなって、実りが少ないのは明らかである。急がば回れではないが、時代の空白を埋める確かな情報を得るためには、まずはより広く、より深く、江戸時代の史料にあたってみるべきだろう。

飼育書の内容やその執筆者のさらなる吟味、飼い鳥とされるべく地方から送り出された鳥の搬送ルートやその手順、鷹場《たかば》に放つ目的で役人の手によって大量繁殖が試みられた鳥のことなど、江戸時代にも調査が必要なことはまだまだ存在する。本書において紹介した『餌鳥会所記録』にしても、その膨大な内容のすべてが把握できたわけではなく、鳥の捕獲に関する幕府の指示書など、調査する余地は多分に残されている。

これらの調査を行なっていく中で、江戸時代以前のことに触れた情報にぶつかることもあるにちがいない。なぜなら、明治時代の史料の中に江戸時代のことが記されたものがいくつも存在するように、江戸時代の史料の中にも江戸以前の時代のことが記されたものがいくつも存在していると考えられるからである。

筆者が飼鳥史《しちょうし》の研究に本格的に着手してから、そろそろ十年になろうとしている。一つの節目に到達した感もあり、これまでの研究を一度まとめておきたいと考え、執筆したのが本書である。

私的な興味から始めた研究だったが、調べても調べても興味が尽きることはなく、それどころかより深く追求したいという希望が大きくなった結果、現在はふたたび大学に戻っており、今後もライフワークとして、この分野の研究を続けていきたいと強く願っている。

さて、最後に、本書の表題にもある「飼い鳥」という記述に関して補足的に解説しておきたいことがある。

江戸時代においては、間に「い」を入れずに「飼鳥」と書いて「かいとり」と読んでいた。本来ならばこの表記を踏襲すべきなのだろうが、本書においては、わかりやすさや読みやすさを考慮し、編集部とも協議した上で現代式の「飼い鳥」という表記を使わせていただいた。どうかご了承いただきたい。

なお、本書の刊行にあたり、出版を快諾してくださった吉川弘文館に、あらためて心からの御礼を申し上げたい。

二〇〇五年十月

細川博昭

主要史料・引用参考文献

史料・テキスト類（著編者五十音順）

貝原益軒『大和本草』、宝永六年刊、中村学園大学図書館所蔵
北尾政美（鍬形蕙斎）画・山東京伝他詞書『職人尽絵詞』、文化三年成立、国立国会図書館所蔵
鼓腹堂山人『鶯飼様口伝書』、嘉永二年成立、国立国会図書館所蔵
佐藤成裕『飼籠鳥』、文化五年成立、国立国会図書館所蔵
左馬介・源止竜『諸禽万益集』、享保二年刊、国立国会図書館所蔵
城西山人『唐鳥秘伝百千鳥』、安永二年刊、国立国会図書館所蔵
隅田舎主人『春鳥談』、弘化二年序、国立国会図書館所蔵
関盈文『海舶来禽図彙説』、寛政五年刊、国立国会図書館所蔵
滝沢馬琴編・渥美覚重画『禽鏡』、天保五年成立、東洋文庫所蔵
西川祐信画『絵本徒然草』、元文五年刊、国立国会図書館所蔵
比野勘六『飼鳥必要』、寛政十二年頃成立、国立国会図書館所蔵
比野勘六『鳥賞案子』、享和二年成立、国立国会図書館所蔵
増山正賢（雪斎）『百鳥図』、寛政十一年頃成立、国立国会図書館所蔵
水谷豊文『水谷禽譜』、文化七年頃成立、国立国会図書館所蔵

毛利梅園『梅園禽譜』、天保十年序、国立国会図書館所蔵
『鶯菊頂時鳥飼様秘伝』、成立年不明、国立国会図書館所蔵
『餌鳥会所記録』、享保五年～天保十三年、国立国会図書館所蔵
『外国産鳥之図』、成立年不明、国立国会図書館所蔵
『職人尽絵貼りまぜ屏風』、十七世紀後半、千葉県立中央博物館所蔵
『唐蘭船持渡鳥獣之図』、成立年不明、慶応義塾図書館所蔵
『西紅毛船生類直組帳』、寛政元年、神戸市立博物館所蔵

暁鐘成（白水完児校訂）『犬狗養畜伝』（『日本農書全集』六〇）、農山漁村文化協会、一九九六年
秋里籬島著・竹原春朝斎他画（原田幹校訂）『摂津名所図会』（『大日本名所図会』一―五・六）、一九一九年（原著は寛政六年序）
秋元万蔵『養鶯辨』（『雑芸叢書』二）、国書刊行会、一九一五年
安積澹泊（三木之幹・宮田清定・牧野和高編）『桃源遺事』、茨城県国民精神文化講習所、一九三五年
朝倉治彦校注『人倫訓蒙図彙』（『東洋文庫』五一九）、平凡社、一九九〇年
安達喜之『金魚養玩草』（『雑芸叢書』一）、国書刊行会、一九一五年
小野蘭山『本草綱目啓蒙』三・四（『東洋文庫』五四〇・五五二）、平凡社、一九九一～九二年
加藤曳尾庵『我衣』（『日本庶民生活史料集成』一五）、三一書房、一九七一年
菅茶山（日野龍夫校注）『筆のすさび』（『新日本古典文学大系』九九）、岩波書店、二〇〇〇年

黒板勝美編輯『百錬抄』（新装版『新訂増補国史大系』一一）、吉川弘文館、二〇〇〇年
黒川道祐（立川美彦編）『訓読雍州府志』臨川書店、一九九七年
斎藤月岑（市古夏生・鈴木健一校訂）『新訂東都歳時記』（『ちくま学芸文庫』）、筑摩書房、二〇〇一年
シーボルト（斎藤信訳）『江戸参府紀行』（『東洋文庫』八七）、平凡社、一九六七年
島津重豪『鳥名便覧』（『博物学短編集』上）、恒和出版、一九八二年
秀松軒（浅野建二校注）『松の葉』（『日本古典文学大系』四四）、岩波書店、一九五九年
清少納言（池田亀鑑・岸上慎二校注）『枕草子』（『日本古典文学大系』一九）、岩波書店、一九五八年
泉花堂三蝶『百千鳥』（『雑芸叢書』二）、国書刊行会、一九一五年
蘇生堂主人『喚子鳥』（『雑芸叢書』二）、国書刊行会、一九一五年
蘇生堂主人『鶉書』（『日本農書全集』六〇）、農山漁村文化協会、一九九六年
滝沢馬琴（洞富雄他編）『馬琴日記』中央公論社、一九七三年
滝沢馬琴（木村三四五他編校）『吾仏乃記—滝沢馬琴家記—』八木書店、一九八七年
滝沢馬琴『羇旅漫録』（新装版『日本随筆大成』第一期—一）、吉川弘文館、一九九三年
橘成季（永積安明・島田勇雄校注）『古今著聞集』（『日本古典文学大系』八四）、岩波書店、一九六六年
定延子『珍翫鼠育草』（『博物学短編集』上）、恒和出版、一九八二年
寺島良安（島田勇雄・竹島淳夫・樋口元巳訳注）『和漢三才図会』六（『東洋文庫』四六六）、平凡社、一九八七年
天竺徳兵衛（内藤耻叟・岸上操編校訂）『天竺渡海物語』（『少年必読日本文庫』一〇）、博文館、一八九

二年（原著は寛永四年成立）
伴蒿蹊『閑田耕筆』（新装版『日本随筆大成』第一期―一八）、吉川弘文館、一九九四年
人見必大（島田勇雄訳注）『本朝食鑑』二・三（『東洋文庫』三一二・三四〇）、平凡社、一九七七～七八年
藤原定家（今川文雄訳）『訓読明月記』河出書房新社、一九七七～七九年
村田了阿（井上頼圀・近藤瓶城増補）『増補俚言集覧』、皇典講究所印刷所、一九〇〇年
『三十二番職人歌合絵巻』（『新修日本絵巻物全集』二八）、角川書店、一九七九年（原著は明応三年成立）
『浪華百事談』（新装版『日本随筆大成』第三期―二）、吉川弘文館、一九九五年

参考文献（著編者五十音順）

朝倉無声『見世物研究』思文閣出版、一九七七年（初版は一九二八年）
磯野直秀・内田康夫解説『舶来鳥獣図誌』（『博物図譜ライブラリー』五）、八坂書房、一九九二年
今橋理子『江戸の花鳥画』スカイドア、一九九五年
内田百閒『漱石山房の夜の文鳥』（『ちくま文庫』）、筑摩書房、一九九三年
大淵真竜『小鳥の飼い方』（『実用百科選書』）、金園社、一九五二年
小野清著・高柳金芳校注『史料徳川幕府の制度』人物往来社、一九六八年
科学朝日編『殿様生物学の系譜』（『朝日選書』四二一）、朝日新聞社、一九九一年

梶島孝雄『資料日本動物史』八坂書房、一九九七年（新装版は二〇〇二年）
木村陽二郎『江戸期のナチュラリスト』（『朝日選書』三六三）、朝日新聞社、一九八八年
国松俊英『鳥の博物誌』河出書房新社、二〇〇一年
国立歴史民俗博物館編『はにわ人は語る』山川出版社、一九九九年
小山幸子『ヤマガラの芸』法政大学出版局、一九九九年
三樹園主人『小鳥の講座』大文館書店、一九二六年
菅原浩・柿澤亮三編著『図説日本鳥名由来辞典』柏書房、一九九三年
諏訪春雄編『巨木と鳥竿』（『遊学叢書』一六）、勉誠出版、二〇〇一年
徳田武・森田誠吾『滝沢馬琴』（『新潮古典文学アルバム』二三）、新潮社、一九九一年
萩原秀三郎『稲と鳥と太陽の道』大修館書店、一九九六年
花咲一男『江戸行商百姿』（『江戸図絵シリーズ』三）、三樹書房、一九九二年
三谷一馬『江戸商売図絵』（『中公文庫』）、中央公論新社、一九九五年
村井益男『江戸城』（『中公新書』）、中央公論社、一九六四年
山田修七郎『万葉の鳥』近代文芸社、一九八五年
渡辺信一郎『江戸の生業事典』東京堂出版、一九九七年
『四条遺跡第27次調査記者発表資料』奈良県立橿原考古学研究所、二〇〇〇年
『埋文とやま』七六、富山県埋蔵文化財センター、二〇〇一年
『MUSEUM』四七八、東京国立博物館、一九九一年

著者紹介

一九六一年、岩手県に生まれる。一九八四年、上智大学理工学部物理学科卒業。一九九六年より飼鳥史の研究を始める。支倉槇人《はせくらまきと》の筆名で科学・最新メディア系の著述家・編集者としても活動しており、『ニフティサーブの上手な使い方教えます』『よくわかる情報通信ネットワーク』など十数点の著作がある。

歴史文化ライブラリー
208

大江戸飼い鳥草紙
江戸のペットブーム

二〇〇六年(平成十八)二月一日 第一刷発行

著者 細《ほそ》川《かわ》博《ひろ》昭《あき》
発行者 林 英男
発行所 株式会社 吉川弘文館
東京都文京区本郷七丁目二番八号
郵便番号一一三―〇〇三三
電話〇三―三八一三―九一五一〈代表〉
振替口座〇〇一〇〇―五―二四四
http://www.yoshikawa-k.co.jp/

印刷＝株式会社 平文社
製本＝ナショナル製本協同組合
装幀＝山崎 登

歴史文化ライブラリー

1996.10

刊行のことば

現今の日本および国際社会は、さまざまな面で大変動の時代を迎えておりますが、近づきつつある二十一世紀は人類史の到達点として、物質的な繁栄のみならず文化や自然・社会環境を謳歌できる平和な社会でなければなりません。しかしながら高度成長・技術革新にともなう急激な変貌は「自己本位な刹那主義」の風潮を生みだし、先人が築いてきた歴史や文化に学ぶ余裕もなく、いまだ明るい人類の将来が展望できていないようにも見えます。このような状況を踏まえ、よりよい二十一世紀社会を築くために、人類誕生から現在に至る「人類の遺産・教訓」としてのあらゆる分野の歴史と文化を「歴史文化ライブラリー」として刊行することといたしました。

小社は、安政四年（一八五七）の創業以来、一貫して歴史学を中心とした専門出版社として書籍を刊行しつづけてまいりました。その経験を生かし、学問成果にもとづいた本叢書を刊行し社会的要請に応えて行きたいと考えております。

現代は、マスメディアが発達した高度情報化社会といわれますが、私どもはあくまでも活字を主体とした出版こそ、ものの本質を考える基礎と信じ、本叢書をとおして社会に訴えてまいりたいと思います。これから生まれでる一冊一冊が、それぞれの読者を知的冒険の旅へと誘い、希望に満ちた人類の未来を構築する糧となれば幸いです。

吉川弘文館

〈オンデマンド版〉
大江戸飼い鳥草紙
江戸のペットブーム

On Demand
歴史文化ライブラリー
208

2018年（平成30）10月1日　発行

著　者　細《ほそ》川《かわ》博《ひろ》昭《あき》
発行者　吉川道郎
発行所　株式会社　吉川弘文館
〒113-0033　東京都文京区本郷7丁目2番8号
TEL　03-3813-9151〈代表〉
URL　http://www.yoshikawa-k.co.jp/

印刷・製本　大日本印刷株式会社
装　幀　清水良洋・宮崎萌美

細川博昭（1961～）

ISBN978-4-642-75608-2